KB190997

야생의 길동

야생의 실종

1판 1쇄 인쇄 2025. 4. 28.
1판 1쇄 발행 2025. 5. 14.

지은이 이노세 고헤이
옮긴이 박동섭

발행인 박강휘
편집 박보람 디자인 이경희 마케팅 이유리 홍보 이한솔
발행처 김영사
등록 1979년 5월 17일(제406-2003-036호)
주소 경기도 파주시 문발로 197(문발동) 우편번호 10881
전화 마케팅부 031)955-3100, 편집부 031)955-3200 | 팩스 031)955-3111

값은 뒤표지에 있습니다.
ISBN 979-11-7332-200-6 03380

홈페이지 www.gimmyoung.com   블로그 blog.naver.com/gybook
인스타그램 instagram.com/gimmyoung   이메일 bestbook@gimmyoung.com

좋은 독자가 좋은 책을 만듭니다.
김영사는 독자 여러분의 의견에 항상 귀 기울이고 있습니다.

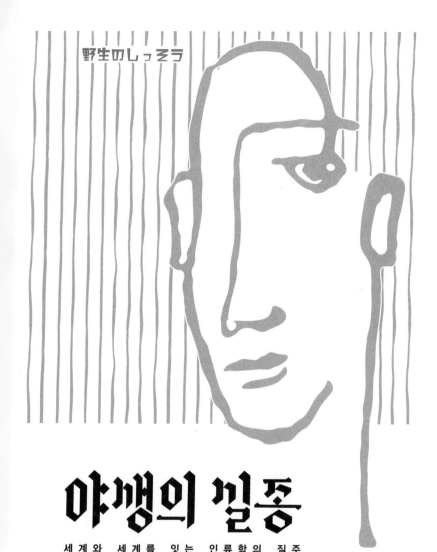

野生のしゝ곱ラ

야쨍의 낄똥

세 계 와 세 계 를 잇 는 인 류 학 의 질 주

이노세 고헤이 | 박동섭 옮김

김영사

차례

일러두기

1. 이 책은 《野生のしっそう》을 번역한 것이다. '싯소しっそう'는 '실종失踪'과 '질주疾走'
   의 동음이의어를 저자가 중의적 의미를 담아 히라가나로 표기한 것이다. 원서에서
   'しっそう'로 표기된 부분은 저자의 의도를 살려 '싯소'로 번역했다.

2. 맞춤법과 외래어 표기는 국립국어원의 어문 규정과 용례를 따랐다.

3. 본문에 나오는 ( )는 원서에 따른 것으로, 옮긴이 주는 〔 〕안에 별도로 병기했다.

코로나19로 국경을 넘나들기 어려웠던 시기에 일어난 일을 축으로 삼아 쓴 이 책이, 국경을 넘어 출간에 이르게 되어 감회가 남다릅니다.

돌이켜보면, 제가 형과 함께 있는 세계에 관해 누군가를 독자로 상정하고 처음 쓴 글은 열세 살 때 외조부모님이 데려가 준 괌 여행 기행문이었습니다. 1991년 경기가 좋았던 무렵 일본 사회에서 남양 군도는 매우 쉽게 갈 수 있는 해외 여행지였습니다. 은퇴하고 부부끼리 가는 해외여행을 취미로 삼았던 할아버지는 외동딸과 손주들을 데리고 괌에 가기로 했습니다(왜 그랬는지 아버지는 함께 가지 않았습니다).

형과 나, 여동생에게는 첫 해외여행이었습니다. 이 여행

의 에피소드를 나는 원고지에 연필로 썼습니다. 형이 점심에
도 저녁에도 스테이크를 먹은 일, 디너쇼에서 폴리네시아 민
요의 북 리듬에 이끌려 무대 앞까지 가서 펄쩍펄쩍 뛰었던 일
(여동생은 부끄러워해서 할머니와 함께 방으로 돌아갔고, 저는 댄
서에게 지명받아 단상에서 춤을 추게 되었습니다), 정글 투어 도
중 들른 식당에서 미군 병사로 보이는 위장복을 입은, 몹시 힘
이 센 남성으로부터 코카콜라 캔을 낚아채곤 캔 따개를 뽑아
되돌려주던 형의 행동(쇼핑할 때 '하우 머치'라는 말조차 흠칫거
리며 주저했던 당시 나에게는 상상할 수 없는 용기였습니다), 또
나리타공항에 돌아와 트랩을 뛰어 내려간 다음 버스를 타지
않고 활주로 쪽으로 달려가던 형의 '싯소 しっそう'[일본어에서는
'실종失踪'과 '질주疾走' 모두 '싯소'로 발음되는데, 저자는 두 가지 의미
를 함께 담아 '싯소'라고 표현한 것이다—옮긴이]……

어머니는 그것을 워드프로세서로 타이핑하고, 출력하고,
짚 섬유로 만든 갱지에 인쇄하고, 스테이플러로 고정했습니
다. 그렇게 만들어진 책자가 장애인운동 관계자들에게 호평
을 받았고, 많은 사람이 읽어주었습니다. 그 책은 저의 꿈같은
데뷔작이기도 합니다.

지금 되돌아보니 생각나는 것이 있습니다.

할아버지는 여행사 팸플릿에 괌과 함께 소개된 사이판에는

가고 싶어 하지 않았습니다. 1921년에 태어난 할아버지는 아시아태평양전쟁이 시작되자 징병되어 간몬해협을 건너 평양까지 갔습니다. 하지만 폐 질환을 앓고 있던 차에 징병 검사에서 복무 부적격 판정을 받았습니다. 할아버지가 돌아가신 뒤 성묘하러 들른 본가에서 작은할아버지가 제게 들려주기로, 군대에 간 형(할아버지)을 보러 갔을 때 총을 들고 행진하던 그 모습이 너무 연약해 보였다고 합니다. 할아버지는 한반도에서 몸 상태가 나빠져, 같은 고향 출신인 대장의 주선으로 제대했습니다. 할아버지의 부대가 그 뒤로 어떻게 되었는지 직접 물어본 적은 없습니다(외조부모님 금혼식에 할아버지의 전우가 한 명 참석했는데, 모임이 끝나갈 무렵 두 사람은 한두 마디만 주고받고 헤어졌습니다).

다만 사이판에 가고 싶지 않은 이유를 얼핏 들었던 기억은 있습니다. 할아버지는 그곳에 일본군의 옥쇄가 있었다고 했습니다. 더는 확인할 수 없지만, 사이판에는 가지 않겠다는 할아버지의 강한 생각 속에는 본인이 소속된 부대가 남양 군도〔현재의 미크로네시아 일대—옮긴이〕로 옮겨 전쟁했던 일, 사이판에 갔던 일, 그리고 할아버지 자신도 거기에 있었던 일, 혹은 동향 친구가 사이판에서 전사한 일, 그런 일들이 자리하지 않았을까 상상하게 됩니다.

1949년생인 어머니의 두 번째 해외여행은 1971년 한국 여행이었습니다(첫 번째는 미국 통치 시절 오키나와로 간 여행이었습니다). 은행원의 외동딸로 태어나 귀여움을 받고 자란 어머니(그러나 한편으론 할아버지의 거듭된 전임으로 어머니는 학교를 여러 번 옮겨야 했습니다)는 초등학교 때부터 학원에 다녔고, 입시를 치러 국립 중학교에 입학했습니다. 그렇게 고등학교까지 6년을 보내고 학생운동이 거세질 무렵 대학에 들어갔습니다. 그 뜨거운 시대에 어머니는 재일교포의 인권을 지키는 운동과 만나게 됩니다. 같은 학교에 다니던 재일 한국인 학생의 형이 한국 정부에 의해 국가보안법 위반으로 체포된 것에 항의하고, 구명을 위해 일어선 학생운동에 참여하고, 재판을 방청하기 위해 서울을 방문합니다. 어머니는 그런 사실을 할머니·할아버지에게 말씀드리지 않았다고 합니다. 그 와중에 아버지를 만나, 이윽고 형을 갖게 됩니다.

그렇게 한반도에 건너간 할아버지의 손자, 어머니의 자식으로 태어난 형과 저의 책이 한국어로 번역되어 한국에서 출판됩니다.

할아버지는 병사로 징집되어 본인 의사나 몸 상태와는 무관하게 한반도에 건너갔습니다. 거기서 무얼 했는지는 거의 말한 적이 없습니다. 할아버지가 제게 들려준 몇 안 되는 이야기는, 가령 평양 주둔지에서 훈련 도중 너무 허기가 져 주둔지로 찾아오는 중년 여성으로부터 불린 호박을 몰래 사서 먹었다는 이야기 같은 것입니다. 전후 할아버지는 어떤 양념을 곁들여도 호박을 결코 먹으려 하지 않았습니다. 군인으로 동원된 가운데 일어난 그의 소소한 '싯소'는 한반도에 사는 사람들과 따뜻한 교류를 가져오지는 않았을지도 모릅니다. 할아버지도 할머니도 사이판뿐만 아니라 한국을 여행하는 일이 한 번도 없었습니다.

어머니는 대학생이 되어, 이윽고 학생운동에 참여하게 되었습니다. 그러던 중 부모의 반대를 무릅쓰고 혹은 아무 말도 하지 않고 오키나와와 한국으로 건너갔습니다. 어머니의 그 행동 역시 또 하나의 '싯소'였던 것 같습니다.

이 책에서 저는 인류학자들의 말에 의지하며, 우리의 개별적인 삶의 터전이 되는 이른바 '사회 전체'나 '인류 역사 전체'란 언론이나 정부, 혹은 학문이나 사회라고 하는 큰 말을 가진 이들 손에 잘려나간 것에 지나지 않는다는 점을 이야기했습니다.

한편 우리는 각지에서 일어나는 안타까운 일을, 너무도 엄청난 것이 이유가 되어 잊고 맙니다.

지금 내가 사는 것의 선을 쫓아가다 보면 다양한 사람이나 사물이 얽힙니다. 제가 괌 여행에서 할아버지의 전쟁 체험을 엿보았듯, 또 이 책이 한국어로 번역되는 사건 속에서 할아버지와 어머니가 한반도와 맺은 관계가 보이듯 말입니다.

할아버지가 '여행하는 장소'와 '여행하지 않는 장소'로 갈랐던 선을 넘어 이 책이 번역되어 누군가에게 닿는 것. 그 안에서 거듭되는 것. 반향해가는 것. 저는 그렇게 태어나는 새로운 '싯소'에 비로소 삶이 갖는 소소한 희망이 나타나고 있는 것처럼 느낍니다.

이노세 고헤이

실종 혹은 질주 전에

형과 나

이 책은 형과 나를 둘러싼 이야기다.

형은 지적장애가 있고 자폐증을 앓는 사람이라는 말을 듣는다. 그리고 지금껏 나는 지적장애나 자폐증이 있다는 말을 들어보지 못했다. 돌이켜보면 나는 초등학교 4학년까지 자리에 가만히 앉아 있을 수 없는 아이였고, 그런 탓에 교사들에게 항상 부담을 주었다. 앞뒤로 친한 아이가 앉으면 수업 중에 계속 말을 걸어 "이노세 군 가까이 앉으면 성적이 떨어진다"는 말을 듣기도 했다. 하지만 당시에는 그 일 때문에 특별한 장애 진단명을 부여받진 않았다.

그래서 이 책은 장애가 있는 형과 그 동생의 이야기 같기도 하나, 그걸로는 다 설명할 수가 없다. 장애가 있는 형과, 장애가 없는 사람이라고 다들 보지만 이런저런 '뒤틀림' 혹은 '비틀림'을 가진 동생의 이야기이며, 장애가 있다는 말을 듣긴 하지만 여러모로 예리함을 가진 형과 그 동생의 이야기이기도 하다……. 그런 식으로 끝없이 바꿔 말할 수 있다.

한데 이런 식으로 말을 보충하는 것이 어떤 의미가 있을까?

나는 태어나서 18년간 형과 함께 살았다. 형은 나보다 여섯 살 위다. 그래서 내가 태어났을 땐 형이 내 눈앞에 있었다. 형은 내가 이 세상에서 처음 만난 사람 가운데 하나다. 형의 존재는 나에게 지극히 당연했다. 나와 형 사이에 큰 차이가 있다고는 생각지 않았다. 차이가 있다면 키가 작다거나 목소리가 크다거나 싸움을 잘하는 그 정도 차이였다.

이윽고 나는 사람들이 형을 장애아라고 한다는 것, 반면에 나는 장애아라는 말을 듣지 않는다는 것을 알게 됐다. 나로서는 형과의 연결고리가 끊어지는 경험이었다. 나하고 서로 마음이 통했던 형이 실은 그렇지 않았을지 모른다고, 또 나와 같은 마음이 아니었을지 모른다고 생각했다. 왜냐하면 형은 '장애아'니까 말이다. 나 자신이 살아온 세계가 산산조각 날 것 같은 두려움이 밀려왔다. 나는 형과 나를 단절시켜 바라보는 관점이 이 세상에서는 당연하게 자리 잡고 있다는 사실을 알게 됐고, 점차 그 점을 받아들였다.

대학에서 나는 문화인류학을 공부할 생각이었고, 실제로 문화인류학 수업을 들으며 문화인류학을 전공하게 됐다. 그 무렵부터 문화인류학 선생님들과 대학원생들, 함께 수업을 듣는 동급생들에게 '장애인류학'을 주제로 연구하겠다고 말했다. 그리고 그 이유를 설명할 때, 언제부턴가 내 형에게 장애가 있다는 얘길 하게 됐다. 곧 연구 주제 설정을 두고 주위 사람이 나에게 깊게 묻는 일이 없어졌다. 나는 장애를 인류학적으로 어떻게 생각할 수 있는가 하는 질문을 설정하여 '신체론'이라든지 '학습론', 장애에 관한 선행연구를 학습했고, 장애인이 살아가는 현장에서 참여관찰을 시작했다.

대학원에 진학할 무렵, 연구 주제에 관해 상담했던 문화인류학 선생님으로부터 "자네가 연구 대상으로 삼는 것은 내적 타자"라는 말을 들었다. 문화인류학이 오랫동안 주제로 삼은 것은 바깥에 있는 타자, 먼 타자였다. 그에 반해 나의 경우 가까운 타자인 형, 또는 형을 통해 만난 장애인들을 연구 주제로 삼고 있다는 말씀이었다. 당시 내가 이해한 바로는 그랬다.

그 뒤로 20년이 넘게 흐른 지금, '내적 타자'란 형이 아니라 형을 타자로 취급하는 사람들이기도 하고, 이를 점점 더 받아들이는 나 자신이기도 하다는 걸 깨달았다. 그 순간 '장애인류학'은 내가 하고 싶었던 공부가 아니라는 데 생각이 미쳤다.

간단히 말해서 장애인류학은 장애인에게 문화적으로 어떤 의미가 부여되는지, 장애인이 그 사회에서 어떻게 살고 있는지 탐구하는 학문이다. 이 학문 분야에서는 장애인의 신체적·정신적 특징보다 오히려 그 사람에게 주어지는 사회적·문화적 의미부여에 주목한다. 예를 들어 일본에서는 장애로 간주하는 신체적·정신적 특징이 있는 사람이 어떤 사회에서는 그렇게 볼 수 없음을 제시함으로써 장애를 둘러싼 가치관을 흔든다. 이처럼 사회적·문화적 의미부여에 주목하다 보면 각자의 신체적·정신적 특징이 무엇인지, 나와 그 사람 사이의 신체적·정신적 차이가 무엇인지에 관한 의식이 옅어진다.

그런데 서둘러 부연하자면 나는 장애가 있는 사람과 없는 사람이 신체적·정신적으로 단절되어 있다고 생각지 않는다. 장애가 있다고 여겨지는 사람과 없다고 여겨지는 사람 사이에 차이가 있듯, 장애가 있다고 여겨지는 사람들 사이에도, 없다고 여겨지는 사람들 사이에도 차이가 있다. 또 이와 동시에 장애가 있다고 여겨지는 사람과 없다고 여겨지는 사람 사이에도 서로 겹치는 부분이 있다.

중요한 건 그런 단순한 사실을 말하는 게 **아니다**. 내가 중요하게 보는 것은, 차이점이 무엇이고 겹치는 점은 무엇인지를 나 자신이 맞닥뜨린 사건 속에서, 나 자신의 몸과 정신이 어떻게 움직이는지에 신경을 쓰면서 생각하는 것이다. 그렇게 하다 보면 내 앞에 보이는 것은 '차이가 있으므로 분리된 것'이 아니라 '차이가 있지만 서로 접촉할 수 있다는 세계관'이다.

형과 나는 부분적으로 겹치고 있지만, 그럼에도 확실히 어긋나 있다. 다른 사람들과 마찬가지로 말이다. 그렇게 이해함으로써, 나는 산산조각 난 세계를 다시 한번 연결해나갔다.

이 책을 계속 쓸 수 있는 단서를 제공한 인류학자 티머시 잉골드Timothy Ingold는 '○○의 인류학'을 '○○와 함께 있는 인류학'으로 대체할 것을 촉구한다.[1] 그를 본받는다면 내가 하고자 했던 것은 '장애의 인류학'이 아니라 '장애와 함께 있는 인류학'인 셈이다. 조금 더 덧붙이면, 내가 생각하고 싶은 것은 '장애인'이자 '자폐인'으로서의 형이 아니다. '장애인', '장애가 있는 사람', '자폐인'이라는 한마디 어휘꾸러미로 다 담아낼 수 없는, 나와 40여 년을 함께했던 형이며, 형과 함께했던 나이며, 그리고 그 형과 나와 함께 만난 사람들이며, 세계의 일이다. 세계는 아날로그선으로 연결되어 있다. 하지만 거기에 다양한 절단선이 가로놓여 있다. 그리고 나를 포함한 대부분 사람이 그 절단선을 내면화한다.

이처럼 자기와 타자 사이에 절단선을 쉴 새 없이 긋고 그것들을 내면화하기도 하는 상황을 '통상 상태 혹은 보통'이라고 한다면, 역으로 때로는 절단선을 넘어버리는 움직임을 이 책에서는 '싯소'라고 부른다.

이 이야기는 장애인류학의 실천이 아니라 그냥 인류학의 실천이다. 여러분이 다 읽은 후 그 점을 느끼셨으면 하고 말을 이어나가도록 하겠다.

세 가지 선

이 책에서 사건은 직선적으로 흘러가지 않는다. 2011년 3월에 일어난 일을 기점으로 하고 있지만, 그 의미를 찾기 위해 다양한 시점의 사건으로 되돌아가면서(그것은 내가 체험한 것이기도 하고, 나와 만난 사람이 겪은 일이기도 하고, 그리고 나와 만난 일이 없는 사람들이 겪은 일이기도 하다), 이야기를 서술해가겠다.

여기에 쓰인 역사는 반드시 과거에서 미래로 같은 속도로 흘러가는 시간 속에 있다고는 할 수 없다. 오히려 현재의 사건들이 과거 어느 시점의 사건들을 융기시켜, 그 현재와 과거를 대비하는 가운데 사건의 의미를 확인해나간다. 그것은 죽은 사람의 유품을 정리하면서, 손에 집어 든 사진이나 인형이 현재의 나에게 말을 거는 일—직접적인 연결을 확인할 방법은 없지만, 거기에 적힌 것이, 거기에 담긴 생각이, 나의 무언가에 겹쳐져 있는 것 같은 감각—과 비슷하다.[2]

이 책에서 나는 세 가지 선에 닿아 있다.

첫 번째는 **형의 싯소가 그린 선**이다. 어느 날 내 눈앞에서 형이 사라졌고, 뜻밖의 장소에 형은 나타났다. 나로서는 형의 싯소의 시작점과 도착점(처럼 보이는 것)만 알 수 있었다.

싯소란 일단은 실종이다. 형이 내가 기대했던 곳에서 어디론가 사라져 버린다. 그것은 나에게도, 주위 사람에게도 의미를 알 수 없는, 그저 불안을 안겨주는 사건이다. 형에게 지적 장애가 있다고 생각하면 그런 불안은 어느 정도 경감된다. 그러나 이는 형을 이해한 것이 아니라 단지 형을 나와 다른 존재로 정리한 것일 뿐이다.

형의 세계를 의미 있는 사건으로 이해하려고 좇아가면 싯소는 확실히 '질주'가 된다. 형은 무언가를 향해 질주한다. 형은 질주하면서 무언가를 지향한다. 그 달리는 형을 쫓아다니며 어떻게든 나와 형의 세계를 포개어보려고 한다. 그리고 스스로 그때까지 당연하다고 생각했던 세계를 흔들어 미지의 쪽으로 나 자신을 열어간다.

내가 그리려고 하는 것은, 그 실종과 질주 그 사이다.

두 번째는 형의 싯소가 그리는 선을 쫓아가는, **내 사고와 기술의 선**이다. 그것을 **인류학의 선**이라고 불러도 좋을 것 같다.[3] 그러니까 나는 형의 싯소를 좇으면서 때로는 형이 그리고 있는 선과 중첩됨을 느끼고 또 때론 어긋남을 느끼며, 나 자신의 사고나 감각을 변화시켜 나갔다.

형의 싯소를 이해했다고 여기며 자신만만해하는 순간, 내가 그리는 선에서 형은 한층 더 실종되거나 질주해나간다. 형의 존재를 파악하려고 발버둥치는 나의 이해와 기술記述을, 형은 그렇게 빠져나간다. 이는 형이라는 존재의 둘도 없음이요, 사람과 함께 사는 것의 애달픔이다. 그리고 나의 이해와 기술이 간신히 형을 스치는 것이 곧 사람과 함께 사는 것의 기쁨이다.

이 이야기에서 나는 형의 의사意思를 붙잡고, 그것을 확실한 것인 양 취급한다. 그러면 형은 거기서 더 미끄러져 나간다. 그래도 형의 의사에 닿았다는 감촉은 남는다. 우리는 무에서 태어나 무로 돌아간다. 그 일의 견딜 수 없음을 느끼며 공허함을 과도한 의미로 채워버린다. 그런 유혹에 저항하며 간신히 멈추어서서, 이에 소소하지만 확실한 기쁨을 느낄 때 비로소 우리는 과도한 의미를 추구하지 않고도 삶과 죽음을 둘러싼 불안을 여태껏보다 더 잘 견딜 수 있지 않을까.

세 번째는 이 책에서 배경처럼 떠오르는 국가와 경제 등 **거대한 시스템이 긋는 선**이다. 예를 들어 코로나19 상황에서 긴급사태 선포로 그어진 집 안팎의 경계라든지 도도부현都道府県〔일본의 행정구역단위—옮긴이〕의 경계, 또 국경이며 도쿄올림픽 성화 봉송 당시 면밀하게 계획된 주행 경로며 패럴림픽 개최를 축하하는 블루임펄스〔일본 항공자위대 소속 곡예비행단—옮긴이〕가 하늘에 그린 비행기구름이 그렇다. 이 선에는 첫머리에 쓴 장애가 있는 걸로 여겨지는 사람과 없는 걸로 여겨지는 사람을 가르는 절단선도 포함된다.

이 이야기는 2021년까지를 주 무대로 한다. 하지만 글을 쓰던 도중 우크라이나 전쟁 소식이 전해졌고, 이에 고조된 공포감 속에서 일본이라는 나라의 방위와 외교에 대한 의식이 극적으로 바뀌었으며, 그것이 전례 없는 방위비 비대화 형태로 나타났다. 2015년 많은 사람이 국회 앞에 모여 목소리를 높였던 일이 어디론가 휘발되어 버렸듯, 이 나라는 마치 아무 일 없다는 듯이 나라의 형태를 바꿔버렸다. 올림픽, 코로나19 사태, 홍콩과 미얀마에서 일어난 사건 역시 그 일이 결코 끝나지 않았을지언정 잊혀갔다.

신종 코로나바이러스 감염의 급속한 확산을 아무리 외쳐도 결국 실시되고 만 성화 봉송과 올림픽(한 해 연기해 실질적으로 무관중 개최를 하긴 했지만), 패럴림픽, 또 이를 띄우기 위한 블루임펄스의 비행기구름은 우리 주변 세계가 강력한 힘에 의해 바뀔 것이라는 전조이기도 했던 것 같다.

그림과 땅

이 세계와는 다른 세계를 구상하는 힘은 일상에 있는지도 모른다. 유사시에는 전혀 문제 되지 않는, 더군다나 평상시에도 세상을 바꿀 힘이 없다고 생각되는 존재 안에 소소하고 강인한 힘이 숨어 있는 건 아닐까. 그 대목이 내가 이 이야기를 쓰면서 의식을 굳힌 부분이다. 《분해자들》이라는 책을 쓰면서 비로소 나는 그 힘을 의식하게 되었다.

사회라는 땅이 있고 나서 개별적인 경험이 있다고 보면, 형과 나의 삶 따위는 하찮은 일이다. 그것은 광대한 사회 속의 점일 뿐이니까 말이다. 그러나 개별적으로 생생한 경험, 본래 공유 불가능한 부분이 많은 각각의 경험이 있고 그 위에 가상으로서의 사회라는 그림을 그리고 있을 뿐이라고 본다면, 사실 데데하면서도 대체 불가능한 삶을 철저하게 묘파하는 데서도 의미를 찾을 수 있다.[4]

예를 들어 코로나바이러스가 확산하는 과정에서 어린이와 젊은이를 비롯한 많은 사람이 외출 자제와 백신 접종을 요구받았다. 거기서 이뤄진 건 개인의 삶이 아니라 사회(=인구)를 둘러싼 일이었다. 실제로 외출을 자제한 덕분에 확진자 수는 줄었을지 모른다. 그러나 외출 자제 때문에 할 수 없게 된 일의 무게와 비교해서 사람들의 삶이 어찌 되었는지는 논의되지 않았다. 백신이 감염률을 낮춘다고 했으나('정말 그랬던가?' 하는 의문도 존재한다), 부작용으로 몸이 안 좋아진 사람도 있고 결국 사망한 것으로 판단되는 사람도 있다. 과연 이같은 일의 무게는 진지하게 받아들여졌을까? 감염 대책을 외치는 와중에 정작 부족했던 건 개개인의 삶 또는 죽음과 마주하는 '말'이 아니었을까 하고 나는 느낀다.[5]

2020년 2월 말 아베 신조 총리의 요청으로 전국의 모든 초등학교·중학교·고등학교 및 특별지원학교(특수학교—옮긴이)

가 3월 2일부터 봄방학까지 임시 휴교에 들어갔다. 이후 4월 초 긴급사태 선포가 내려지면서 아이들이 학교에 가지 않는 기간은 연장됐다. 이제 완전히 기억이 희미해져 버린 그 무렵, 우리 집 근처 공원에는 많은 아이가 모여 오랜 시간을 보내고 있었다. 그 아이들을 보는 시선은 '학교에 다니지 못하는 불쌍한 아이' 아니면 '집콕 stay home을 지키지 않는 괘씸한 아이', 둘 중 하나였던 것 같다.

그런데 아이들의 삶은 바깥에서 주어진 양자택일이라는 틀로는 담아낼 수 없었다. 부모와 조부모, 학교 선생님과 학원 선생님, 공무원, 학자, 정치인 할 것 없이 거의 모든 어른이 우왕좌왕하면서 이제껏 반석처럼 보였던 시스템 대부분이 작동하지 않는 가운데, 아이들이 무슨 생각을 하고 무슨 말을 했는지 우리는 귀담아듣지 않았다. 아이들이 학교에서 해방되며 얻은 비非일상에 어쩌면 희미한 희망이 있었을지도 모른다.

이윽고 학교는 다시 문을 열었고, 아이들의 입은 마스크로 덮여 있었다. 아이들이 그때 했던 말, 그리고 지금 담고 있는 말을 듣는 일은 여전히 이뤄지지 않고 있다.

여기까지 쓰면서, 내가 만나지 못한 한 남자를 생각한다.

일본에서 코로나바이러스가 맹위를 떨칠 무렵, 아이치현의 어느 남성이 의료기관에 입원해 있던 도중 사망했다. 남성은 숨지기 2주 전 코로나바이러스 PCR 검사에서 양성 판정을 받았다. 아이치현은 남성에게 자택에 머물도록 지도했지만, 남성은 그날 밤 자기가 사는 동네 음식점을 방문해 "바이러스를 퍼뜨리겠"다고 이야기했다. 음식점은 어쩔 수 없이 영업을 중단해야 했고, 또 종업원 중에서도 확진자가 나왔다. 남성이 사망한 뒤, 아이치현 경찰청은 '위계에 의한 업무 방해' 용의로 그를 서류 송치했다.

남에게 폐를 끼친 그 남성의 행동은 '집콕' 시간을 보내라는 호소가 넘치던 당시 TV 와이드쇼와 SNS에서 거센 비난을 받았다. 그리하여 우리 자신도 바깥에 나가는 것을 주저하게 되는 힘이 커졌다. 비난의 목소리가 높은 와중에, 원래 중병을 앓고 있던 그 남성이 왜 자가격리 요청을 무시하고 음식점에 가려 했는지는 아무도 묻지 않았다. 코로나바이러스가 미지의 존재였던 그때 '나도 감염되진 않을까?' 하며 느꼈던 불안을 돌이켜보자. 미지의 병에 걸려 고독하게 죽는 것에 대한 저항 의식—누군가를 만나 죽고 싶다—이 그 남성에게 있었다면, 그 의식은 '나' 자신 안쪽에 있는 의식과 어딘가에서 겹치는 게 아닐까. 적어도 나라면 그런 상황에서 죽을 위험에 빠졌을 때 집을 뛰쳐나와 누군가에게 닿고 싶은 충동을 느꼈을 것 같다.

익명의 '무책임한 인간'이 아니라 '고유명을 가진 자기만의 죽음을 맞이하는 한 인간 존재'로서 그 사람을 감지할 때, 비로소 우리는 단죄한 그 사람과 나만의 죽음/대체 불가능한 죽음에 직면한 사람끼리 겨우 연결될 수 있음을 자각하게 된다.

  나는 그 남자를 생각했고, 마찬가지로 코로나바이러스 공포에 휩싸인 세상에서 형이 마스크도 쓰지 않은 채 거리로 나가는 의미를 생각하게 됐다. 거리로 나가는 형을 사람들은 기이한 눈으로 쳐다볼 테고, 때로 형은 차별 그 자체인 말과 맞닥뜨리기도 할 것이다. 폭력이나 차별과 만나는 불안 속에서 형은 거리에 몸을 드러낸다.

  그렇게 거리로 나가는 형의 모습은 면역과 마스크, 각종 소독으로 만들어진 방어벽을 넘어 퍼져나가는 코로나바이러스와 어딘가 닮았다. 코로나바이러스에 농락당한 세상에서 바깥으로 나가는 사람이 내 주변에도 몇 있었지만, 그런 움직임을 볼 때마다 나 자신은 그 일들의 의미를 알 수 없는 것, 불합리한 것으로 치부하고 있었다.

  과연 정말로 불합리한 것일까. 그들이 하는 일의 의미를 찾던 나는, 거기엔 코로나바이러스만 있는 것이 아니라 골칫거리 취급을 받는 이웃과 함께 살아가기 위한 지혜가 숨어 있음을 이해하게 됐다.[6] 나는 형의 싯소를 그리면서, 불합리한 존재로 무시당한 사람들이 자아내는 삶의 사상思想을 포착했다. 그 모든 걸 헤아릴 순 없을지언정 무언가 중요한 것을 얻을 수는 있다. 그렇다고 믿는다.

이제, 한번 달려볼까?

침묵과 목소리

1

싸우지 않는 것, '싯소'하는 것

코로나바이러스가 드러낸 일

우리의 삶이 있을 터인데 중요한 부분을 빼앗기고 있다. 그 사실을 자각했는데도 빠져나갈 수가 없다. 그런데 코로나바이러스가 전 세계에 퍼지고 1년이 지난 무렵 그것에 대해 아주 많이 알기 쉬워졌다. 바이러스에 감염되지 않도록 조심하는 일상은 '나'로 끝나는 것이 아니다. 집 안은 물론 휴일을 보내는 방법까지 누군가에게 참견당하고 감시당하는 듯한 불안을 느끼며 실제로도 제한당하고 있는 일상. 그 속에서 우리의 새로운 욕망은 일깨워져, 소비를 한층 더 부추기는 힘이 날마다 세련된 형태로 삶에 침투하고 있다.

집에 머물면서 구독 중인 동영상을 시청하며 감동하고, TV 와 SNS에 소개된 음식을 인터넷에서 주문할 수 있다. SNS에 서 누군가의 발언과 행동을 바라보고 거기에 '좋아요'를 누르 거나 '공유'하면서, 나 자신의 발언도 마찬가지로 누군가 보고 있음을 의식해 남에게 비판을 듣지 않도록 주의한다. 내 사진 과 영상을 발신할 때는 충분히 거리를 두면서도 애써 아크릴 판을 중간에 둔다. 코로나바이러스로부터 나 자신을 지키는 일만 그런 것이 아니다. 이제는 세상으로부터 공격받지 않도 록 나 자신을 지킨다. 안정된 수입이 있고 장애가 없는 일본인 중년 남성에게 이런 일이 일어난다고 하면 느닷없는 별일처 럼 생각될지도 모르겠다. 그러나 이것은 지금 시작된 일이 아 니다. 쭉 그래왔다.

가령 장애가 있는 사람은 휴일을 어떻게 보내는지에 관해 서도 종종 참견을 당한다. 여행하는 것, 멋들어진 고급 레스토 랑에서 외식하는 것을 두고 사람들은 '넌 그런 거 안 해도 돼' 라는 생각을 하며 실제로 그런 말을 내뱉기도 한다. 게다가 장 애가 있는 사람은 말참견 당하기 이전에 애당초 물리적으로 나(가고 싶은 가게가 엘리베이터 없는 건물 내 좁은 계단으로 이 어지는 지하에 있다면, 휠체어를 이용하는 많은 사람이 그곳에 가 기를 단념할 것이다) 혹은 심리적으로도(주위 눈을 신경 쓰고 지

굿이 있을 수 없는 지적장애 아이를 데리고 공공 교통기관으로 외출하는 것을 주저하는 사람이 있다) 행동을 제한받는다. 심지어 복지 혜택을 받기 위해 서류를 작성할 때조차 쫓기는 신세가 된다.

그러다 보면 어느덧 주위에서 비판을 듣지 않도록 자기 욕망을 제어하게 된다. 여성, 성 소수자, 외국인, 어린이, 고령자, 안정적인 수입이 없는 사람도 다양한 형태로 똑같은 일을 경험한다. 남성들조차 자기들한테 편리한 틀을 만들어 그 안에 머물면서도 부자유를 떠안은 채 살고 있고 말이다.

코로나바이러스가 전 세계에 퍼지면서 대다수는 자기가 묶여 있다고 느끼게 됐다. 거기서 빠져나갈 수가 없다. 그럼에도 갖가지 '망상'—코로나는 그냥 감기다, 코로나는 인위적으로 만들어진 것이다, 백신이 있으면 코로나는 극복할 수 있다, 백신은 위험하다 등등—에 빠져 있는 사람 일을 자신과 분리한다.

물론 과학적으로 진실을 추구하는 자세는 중요하다. 그런데 저 '망상'을 품은 사람과 그것을 '망상'으로 정한 사람은 그만큼 멀리 떨어져 있는 걸까?

싸우지 않는 것, '싯소'하는 것

이 세계에서 싱소하기

이것은 하나의 전기가 될 수도 있다. 지금의 세계가 다른 형태로도 존재할 수 있지 않을까 하는 상상력을 자극한다. 그리고 실제로 바꿔가는 창의력을 자극한다. 물론 '그런 일은 계속 시도되어 왔다'는 비판은 있을 것이다. 이 나라에서 말하자면 2011년 동일본대지진과 도쿄전력이 일으킨 원자력발전 사고 당시 2015년 아베 법제를 제정했을 때, 사람들은 다양한 절망과 희망을 말했다. 그런데 결국 세상은 크게 바뀌지 않았다. 코로나바이러스에 쥐락펴락 당하는 이 나라의 꼬락서니는 그 연장선에 있다.

내가 생각하고 싶은 것은 다른 방식이다. 물론 새로운 방식은 아니다. 쭉 계속됐지만, 그다지 주목받지 못한 방식이다. 그건 세계의 부조리에 맞서 싸움을 걸고 그 싸움에서 이기는 것이 아니다. 싸움에 임하는 것, 저항하는 것에 대한 희망을 일단 옆에 두고, 자신과 세계의 부조화 속에서 이기지는 않았지만 쭉 지지 않은 것, 혹은 애당초 싸우지 않는 것에 빛을 비추는 것, 그 행위의 의미를 찾으며 우리에게 의미 있는 일로써 말을 이어가는 것, 그 일을 하고 싶다. 싸우지 않는다고 해서 지는 것이 아니다. 단지 각자의 방식으로 일상을 지금보다 좋게 하려고 바라고 사는 것이다.

그것은 무엇을 의미하는가?

2021년 3월 하순 어느 날 동이 트기 전, 모두가 잠든 우리 집에서 형은 사라져 버렸다. 이야기는 여기서부터 시작된다.

싸우지 않는 것, '싯소'하는 것

3월 하순 오전 2시 반에 달려나가다

2021년 3월의 세계

2021년 도쿄의 벚꽃은 3월 14일에 피었다. 우리가 사는 사이타마시(도쿄도 북쪽의 사이타마현 남동부에 있는 도시—옮긴이)에서는 27일 무렵에 활짝 피었다.

3월 21일 도쿄·사이타마·지바·가나가와, 이상 네 군데에 발령된 긴급사태 선언이 해제되었다. 신형 인플루엔자 등에 관한 특별조치법에 기초해 2021년 1월 8일 발령된 이 긴급사태 선언은, 2020년 4월 동일한 법에 기초해 처음 발령됐을 때만큼 사람들을 긴장시키진 않았다. 음식점 영업시간 단축이 시행된 점만이 사람들 인상에 남았다. 하루에 6만 엔의 보상이 주어지는 부분도 있고 해서, 내가 보기에 우리 집 주변 음식점(술집과 스낵(술 마시면서 노래도 부를 수 있는 가게―옮긴이) 등이 많다)은 영업시간 단축에 응한 것 같았다. 한데 나중에 집에서 조금 떨어진 곳에 있는 음식점 주인에게 물어보니 그런 문제가 아니라는 말을 들었다. 대목인데도 손님 발길이 뜸한 날이 계속되자 장사하고 싶은 열정이 사그라든다는 거였다. 네 도시에서 발령된 긴급사태 선언은 무엇이 '긴급사태'인지 잘 모르는 채로, 애초 계획된 2월 7일에는 해제되지 않고 3월 7일까지 연장되었다가 다시 3월 21일까지 더 연장되었다.

해제를 정식으로 발표한 3월 18일 기자회견에서 스가 요시히데 총리는 이렇게 말했다.

감염 확산을 두 번 다시 일으켜서는 안 됩니다. 그 결의를 이번 선언 해제에 임해 재차 저 자신, 스스로에게도 말하고 있습니다. 한 분 한 분이 의식을 가지고 행동해주시는 가운데 검사를 확대해, 의식을 가지고 행동해주시는 가운데 조기에 재발의 단서를 잡고, 백신 접종으로 발병과 중증화를 억제하면서 의료 체제를 강화하고 생명과 건강을 지켜나가는 대책을 철저히 해나가겠습니다. 여러분에게 제약을 부탁하는 이상, 국가도 지자체와 합심해, 할 수 있

는 것은 모두 해내겠습니다.[7]

그러나 감염 확산을 두 번 다시 없게 하겠다는 결의가 무색하게 그 일은 결국 일어나고 말았다. 긴급사태가 해제된 뒤, 당초 대상이 아니었던 미야기와 앞서 2월 28일에 해제된 오사카에서 신규 감염자가 급증했다. 3월 26일 일본의 하루 신규 감염자는 다시 2000명을 넘어섰다. 그리고 2020년 12월 영국에서 보고된 변이종이 오사카 감염자 가운데 다수를 차지하게 됐다.

언론에서는 벚꽃 개화, 벚꽃 절정에 관한 정보와 함께 꽃놀이 자제를 촉구하는 정보가 흘러나왔다. 총리가 3월 18일 '감염 확대를 두 번 다시 있게 해서는 안 된다'고 결의한 일 따위는 금세 잊어버렸거나 애당초 염두에 두지도 않았다.

3월 20일 IOC(국제올림픽위원회), IPC(국제패럴림픽위원회), 일본 정부, 도쿄도, 도쿄2020 조직위원회는 도쿄 올림픽에 해외 관람객 수용을 단념했다.

한편 한 해 연기됐던 도쿄올림픽 성화 봉송은 3월 25일 후쿠시마현 나라하마치·히로노마치의 J빌리지를 출발했다. 사흘에 걸쳐 후쿠시마현을 돌고 28일부터 도치기현에 진입해 군마현, 나가노현, 기후현을 넘어갔다. 봉송 주자와 후원 기업

관계자 등이 성화를 날랐다.

이에 앞서 3월 23일 NHK 뉴스는 가나가와현 사가미하라 시 당국이 도쿄패럴림픽을 위한 성화 채화 採火를 사가미하라 내에 있는 쓰쿠이야마유리엔에서 거행할 방침이라고 보도했다〔쓰쿠이야마유리엔은 사회복지법인 가나가와공동회에서 운영하는 장애인 복지 시설로, 2016년 7월 당시 이곳에서 일하던 우에마쓰라는 남성이 입소자 열아홉 명을 흉기로 찔러 살해한 혐의로 재판에 넘겨졌다. 우에마쓰는 사건을 벌이기 5개월 전인 그해 2월 일본 국회의장에게 '장애인이 안락할 수 있는 세상을 만들자, 장애인 470명을 말살하겠다'는 내용의 편지를 보내 일본 사회를 충격에 빠뜨리기도 했다—옮긴이〕. 3월 31일 사가미하라 시 당국은 이 방침을 정식으로 채택했다.

이달에 중국 전국인민대표대회에서는 홍콩 선거제도가 변경되어, 1997년부터 진행된 일국양제 一國兩制가 사실상 끝이 났다. 미얀마에서는 2월 발생한 쿠데타에 항의하여 민중이 들고 일어서자 군의 탄압이 계속되었고, 3월엔 사망자가 500명을 넘어섰다(4월 들어 사망자 수는 엄청나게 늘어났다).

3월 하순 오전 2시 반에 달려나가다

형의 방문

3월 중순 나는 선로를 사이에 두고 서쪽에서 동쪽으로 이사했다.

3월 27일, 형이 처음으로 이 집에 묵으러 왔다. 며칠 전 "고헤이 집에 갈래?" 하고 어머니가 물었더니, 형이 가겠다고 했단다. 10여 년 전부터 형은 방을 하나 빌려 평일에는 거기서 도우미와 함께 지내고, 토요일과 일요일엔 본가로 돌아가는 생활을 이어가고 있다.

저녁에 형을 데리고 새집으로 향했다.

형은 조금 당황한 것 같았다. 내가 전에 살던 집에 갈 줄 알았겠지. 집에 도착해 잠시 있다가 형에게 목욕을 권했다. 내가 옷을 벗기도 전에 형은 언제나처럼 빠른 동작으로 옷을 벗고 그대로 욕실 문을 연 다음, 안으로 들어갔다. 욕실에는 먼저 들어간 막내 아이가 놀고 있었다. 갑자기 들이닥친 큰아버지 모습에 놀란 아이는 큰 소리로 울었다. 형도 놀라고 혼란스러워 크게 소리 질렀다. 그 목소리에 아이는 더 불안해했고 울음소리도 더 커졌다. 큰 소리를 내는 두 사람의 모습에 나는 곤란해하면서도, 저 두 얼굴이 크기는 다르지만 역시 어딘가 비슷하다는 생각이 들었다.

형을 탈의실로 내보내 일단 진정시키려 했지만, 혼란은 가라앉지 않았다. 형은 욕실로 돌아가길 완강히 거부했다. 어쩔 수 없이 형의 머리와 몸을 씻는 건 단념하고 내가 준비한 잠옷을 입게 했다.

저녁 시간이 되자 형의 얼굴에도 미소가 번졌다. 낮에 외출하면서 들린 터키 음식점에서 산 케밥, 농원에서 수확한 시금치를 주재료로 사용한 요리가 식탁에 올랐다. 형이 츄하이〔탄산수와 과즙을 섞은 희석식 주류—옮긴이〕를 몇 캔 마시면서 화목한 시간이 흘렀다. 모두 다 먹고 나자, 거실에 형의 이불을 깔고 2층 침실에 우리 식구 이불을 깔았다. 모두 곧바로 잠이 들었다.

내가 문 여는 소리를 알아차리고 눈을 뜬 것은 아직 날이 밝기 전이었다. 욕실 해프닝이 있었던 탓인지 왠지 모르게 긴장하고 있었고, 이날 밤엔 얕은 잠을 잤다. 방 문을 잠가놓았는데 덜그럭거리는 소리가 들렸다. 2층 침실에서 현관으로 내려가봤다. 현관에 신발이 없었다. 거실에서 형이 덮고 자던 이불 밑에 아무도 없는 걸 확인하고 문을 열었다. 형이 외치는 소리가 멀리서 들리는 듯했다.

아무런 말도 없이 형은 우리 집에서 나가버렸다.

벚꽃 만개한 밤의 한 사람

벚꽃이 활짝 핀 밤이었다.

신종 코로나바이러스 감염 그 네 번째 파도가 일기 시작한 참이었다. 해외 관람객 수용을 단념해야 한다, 성화 봉송은 길가에 사람을 모으지 않아야 한다는 다양한 호소가 일고 있었다. 그런 가운데 성화 봉송은 길가에 사람을 모으며 계속되고 있었다.

그 봄밤에 형은 우리 집에서 뛰쳐나갔다. 혼자서, 길가에 모인 사람들로부터 아무런 성원도 받지 못한 채 달렸다. 어디로 가는지 우리에게 목적지조차 알리지 않고 달렸다. 형의 큰 목소리가 울렸기 때문일까. 다음 날 아침, 형이 떠나고 얼마 뒤 경찰차 사이렌 소리를 들은 것 같다며 아내가 내게 말했다.

성화 봉송의 폭주는 마치 코로나바이러스와 올림픽으로 이 나라 거버넌스가 거의 작동하지 않는 상황을 상징이라도 하듯 계속되고 있었다. 쓰쿠이야마유리엔의 많은 사망자 유족이나 피해자 가족의 마음은 생각도 하지 않은 채, 하물며 피해 당사자들의 마음 같은 건 상상도 하지 않은 채 패럴림픽을 위한 성화 채취가 계획되어 있었다.

형은 아침이 밝기 전 밤길을 달렸다. 누가 보면 그것 또한 폭주일 터였다. 그렇지만 이 나라의 폭주, 그리고 그 폭주를 멈출 수 없는 우리의 무력함과 비교했을 때 이걸 폭주라고 단정할 수 있을까? 고요한 밤 울려 퍼진 형의 목소리가 이 거리 누군가를 불안하게 했을 순 있다. 나 스스로도 형이 없어진 데 불안감을 느꼈다. 그래도 형의 고독한 달리기엔 어딘가 유쾌한 구석이 있다고 느꼈다.

형의 질주는 이 시대의 대기압 밑에 있고 거기에 영향을 받으면서도, 지금의 대세에는 가담하지 않았다. 마스크를 쓰지 않은 채 마냥 달린다. 달리다 어디에 이르렀는지는 언젠가 써 보기로 하자.

3월 하순 오전 2시 반에 달려나가다

현대의 야만인, 카타리나의 마음가짐

세계가 연결된 것을 감지하는 이는 누구인가

　세계 곳곳에서 일어나는 일이 연결되어 보일 수 있다. 신종 코로나바이러스가 일으킨 팬데믹은 이 세계 곳곳에서 일어나고 있는 일의, 어디까지나 하나의 관련성이 알기 쉬워진 사태다. 가령 영국이나 브라질, 인도에서 출현한 변종 바이러스와 그것이 일으키는 차원이 다른 감염 폭발 소식은 머지않아 우리 눈앞에도 일어나는 사태로 느껴졌다. 런던·리우데자네이루·뉴델리의 환자들, 그리고 그런 환자를 치료하는 의료인들을 '친구'까진 아니어도 '나와 연결된 누군가'로 느낄 수 있게 됐다.

다만 (다시 말하거니와) 코로나바이러스가 몰고 온 팬데믹은 어디까지나 세계 곳곳에서 벌어지는 일의 연결고리 가운데 하나일 따름이다.

더 중요한 것은, 거기서 느껴지는 연결은 잠깐이고 우리는 그것을 어느새 잊어버린다는 점이다. 사실 나는 그만큼 충격을 받은 2011년 3월 일본 대지진이라든지 도쿄전력 원자력발전소 사고, 2020년 4월 긴급사태 선언, 혹은 2022년 2월 러시아의 우크라이나 침공도, 그때 느끼고 있던 일이나, 그때 일어난 많은 일을 잊어버리고 있었음을 깨닫는다. 세상은 사건으로 가득한데, 그 사건들이 어떻게 연결되어 있는지는 좀처럼 눈에 보이지 않는다.

그런데도 연결고리를 찾으려는 사람들이 있다. 문화인류학자 나카무라 유타카中村寬는 2002년 가을부터 뉴욕에서 현장 연구를 시작했다. 나카무라는 9·11부터 이라크전쟁에 이르는 시기, 자기 자신의 경험을 1930년대 요시노 겐자부로吉野源三郎(《그대들, 어떻게 살 것인가》의 작가이자 일본을 대표하는 지식인—옮긴이)의 경험—세계를 어떻게 파악하고 그리면서 그 한가운데서 살아왔는가—과 겹쳐서 되돌아본다.

독일에서 나치의 대두. 일본 국내에서의 런던 군비축소 조약에 반대를 주장하는 우익의 폭력. 하마구치 수상의 암살. 신문 사회면에 보도되는 일가 동반 자살. 중국에 주둔하는 일본군이 일으킨 군사적 충돌. 언뜻 보면 제각각이고 연관도 없고 어떤 것은 '어떻게 되든 상관없는 일'인 것처럼 보이는 사항에 대해, 요시노는 그것이 어떻게 연결되어 있는지 명확히 파악할 순 없다고 해도 상관관계 속에서 파악하고 해석하며 거기에 무언가를 해보려고 시도했다.

마찬가지로 나카무라는 뉴욕 여기저기에서 경험한 것, 꿈에서 본 것, TV 뉴스로 전해 들은 것, 친구와 한 논의나 지인들에게 보낸 메일을 기술하면서 현실에 있는 연결고리를 그려내려고 한다.

요시노가 세상을 그리는 방법과 그것을 지탱하는 인식론적·존재론적 자세에 관해 나카무라는 다음과 같이 썼다.

하루하루 연속적으로 이루어지는 사소한 일에서 감지할 수 있는 표정의 미세한 결, 사람들의 소행, 거리의 냄새, 현기증을 기억하는 일언반구, 절망 앞에 있는 외침—그것들에 응답할 수 없다면 "학문이나 지식은 도대체 무엇일까"라고도 말하고 있는 것 같다. 그리고 더욱 흥미로운 것은 요시노가 사건을 외부에서 관찰하고 분석할 수 있다는 것을 전제로 하지 않고 내부에 가담하여 영향을 받고, 흔들리며 생성 변화하는 가운데, 그래도 '현실을 파고들어' 보고/진단하고/응시하고/보살피는 일을 시도한 것이다.[8]

나카무라가 요시노에게서 발견한 시대의 소용돌이 속에서 관찰과 기술을 하는 '자세'에 나는 끌린다. 이라크전쟁이 시작되려는 시기, 뉴욕에서 그린 '우화적 스케치'로 나카무라는 종군 경험이 있는 이스라엘 출신 철학 연구자와의 대화와 반전 시위를 늘어놓고 전쟁터가 된 곳에 존재하는 분노와 슬픔과 증오와 오열 속에서 그래도 무력 사용에 대해 '노'라고 말할 수 있는지를 날카롭게 묻는다. 자기 자신에게도, 독자에게도 말이다.

그러나 이런 자세를 취하는 것은 학문과 지식, 더 나아가 지식인만의 역할일까?

적어도 나는 지금 세계 곳곳에서 일어나는 일들에 대해 그 연결고리를 잘 보여준 지식인의 말을 아직 만나지 못했다. 오히려 나에게는 2021년 3월 28일 새벽, 형의 질주야말로 그 연결고리를 나타내는 것처럼 느껴졌다. 형의 질주는 그가 이때 세계를 어떻게 이해하고 어떻게 살아가느냐고 하는 '존재의 드러남' 그 자체다. 부조리한 세계와 싸우는 것은 아니다. 단지, 형은 달렸다. 달림으로써 그의 세계를 만들어냈다. 그렇게 생각할 때, 나카무라가 요시노에게서 발견했던 '인식론적 존재론적 자세'는 지식인만의 것이 아니게 된다.

'야생의 싯소'란 그런 문제의식 속에 있다.

카타리나의 세계와 인류학자의 수다

정신병은 우리와 관련이 없는 다른 사람의 문제로 취급된다. 그리고 임상적으로 봤을 때는 사회적인 사항이나 환자의 주관이 포함되어 있지 않기 때문에 원인을 찾고자 하는 동기가 존재하지 않는다. 가족·공공의료·제도·진단·약제 등 모든 장소에서 행해지는 실험이 사람들에게 확신적인 것이 되는 한편, 카타리나의 증상의 원인은 이러한 의학에 따라서 단지 결정된 것에 지나지 않게 되고 말았다. 비인격화되고 과다 투약을 계속 받는 사이 카타리나의 피부 위에는 더는 벗겨질 수 없는 무언가, 삶의 방향을 결정짓는 무언가가 딱 달라붙었다. 그때 우리의 뇌리에 떠오르는 것은 카타리나가 사전에 쓴, 목소리가 되지 않은 물음이다. 당신이 삶이란 무엇인가를 알기 위해서 왜 내가 죽어야 하는가?[9]

문화인류학자 주앙 비엘João Biehl은 1997년 브라질 남부 포르투알레그리에 있는 정신장애인 격리시설 '비타VITA'(라 틴어로 '삶의 의미')에서 카타리나라는 여성과 만난다. 포르투알레그리는 비엘이 자란 동네다. 그는 브라질 각지에서 빈곤층 사람들이 에이즈에 어떻게 대처하는지 조사하고 있었다. 이윽고 그는 '인간이 버리는 장소'로서 비타를 알게 됐고 실제로 그곳을 방문해 충격을 받는다. 그곳에는 가족으로부터, 또 의료 시스템으로부터 버림받은 사람 200명이 살고 있었다. 스태프 대부분이 이곳 입소자로, 자금도 설비도 약도 없었다.

다른 많은 입소자가 뒹굴거나 구석에 웅크리고 있는 가운데 카타리나만 움직이고 있었다. 그녀는 주앙 비엘과 그 아내에게 말했다. 자신에게는 딸이 있으며, 그 아이를 헤어진 남편의 상사에게 빼앗겼다고. 남동생들이 자신을 여기에 데려왔다고. 지금은 약에 절어 살고 있다고. 카타리나는 고유명을 그대로 드러내면서 토막글로 말했다. 비엘은 지리멸렬하게 들리는 그 이야기를 비타의 자원봉사자에게 확인했지만, 이는 곧 "카타리나의 말에 의미는 없다"는 한마디로 정리되었다.

비타의 상황과 카타리나의 모습에 강렬한 인상을 받은 비엘은 그곳을 다니기 시작했다. 이윽고 비엘 자신에게 모종의 광기가 깃든다. 비엘은 카타리나와의 만남과 같은 냉소적인 질문을 사람들로부터 받으면서 그녀의 내력을 탐색하는 여행을 떠난다. 카타리나를 진단한 의사와 간호사를 만나 진료기록 카드를 찾아낸다. 카타리나의 가족이나 친족, 딸의 양부모를 찾는다. 방대한 기록을 읽고 수다스러운 이야기를 들으며, 카타리나가 그에게 한 말이나 그녀가 '사전'이라고 부르는 그녀가 쓴 노트의 의미를 찾아간다.

그리고 비엘은 카타리나가 있는 세계를 이해해 나간다. 카타리나의 증상은 유전성으로 나이가 들면서 발현되는 질병이 원인이었다고 진단한다(유전계 질환 전문의는 카타리나를 "의식이 완전히 명료하고 지금까지도 본인의 컨디션을 파악하고 있으며, 정신질환이나 다른 질병 아무것도 볼 수 없다"고 진단했다). 카타리나의 조상이 이주한 지역에서 가져온 그 병은 대부분 환자의 빈곤을 이유로 찾아내지 못하고 있었다. '네오리버럴리즘'(신자유주의)에 의한 국가의 기능 축소는 병자나 장애인 돌봄을 가족 손에 맡겼다. 남자들에게 카타리나와 비슷한 증상이 나타나면, 가족 중 여자들이 돌보지만 여자에게 나타난 증상은 바람직하지 않은 것으로 취급해 데려간 병원에서 정신질환의 대상으로 지목돼 엉뚱한 약물요법이 시도됐다. 장애는 더 심해졌고 이윽고 카타리나는 가족에게도 병원에서도 버려졌다. 그렇게 버려진 장소가 바로 비타였다. 그녀의 태생

적 장애는 여성이라는 것, 가난한 상태에 있다는 것, 유전적 성질을 갖고 있다는 것을 깨달은 가족의 두려움에 의해 무시되고 광기로 낙인찍혔다. 그녀의 전남편에게 땅을 빼앗기고, 전남편 상사에게 딸을 빼앗겼다.

카타리나가 처음에 비엘과 그의 아내에게 말한, 언뜻 지리멸렬한 이야기는 카타리나가 살았던 세계 그 자체였다.

카타리나를 죽게 한 장본인은 우리가 아닐까

비엘 앞에 선 카타리나는 현대의 야만인이었다. 그래서 그녀의 단편적인 이야기는 지리멸렬하고 무의미한 것으로 정리되고 말았다.

카타리나와의 만남으로 촉발된 비엘은 달리기 시작한다. 그리고 카타리나가 현대에 의해 죽임당하고 있음을 알았다. 비엘은 카타리나와의 대화와 카타리나의 '사전'에 이끌리면서 그녀의 존재가 무의미하게 변해가는 모습을 그렸고, 그로 인해 그녀의 삶을 의미 있게 되찾아갔다. 그것은 또 카타리나와 같이 비타에 사는 사람들, 그러니까 죽은 이로 취급된 사람들의 삶을 의미 있는 것으로 되찾는 일이기도 했다. 카타리나

사후에도, 비엘은 그녀와 함께 밝혀낸 바를 거듭 학회에서 발표하고, 논문에 쓰고, 그녀들을 어떻게 생각해나가야 할지 물었다. "그녀를 이제는 적당히 잠들게 해주지 않아야 할까요?"라는 주위로부터의 차가운 시선과 질문을 견디면서 책을 엮는다.

카타리나와 비엘이 내민 것은 카타리나들을 죽게 한 장본인이 우리 아니냐는 물음이다. 추상개념으로서의 사회 전체가 그들을 죽게 한 것은 아니다. 그녀들의 세계에 의미 따위는 읽어내려고 하지 않는 우리가 그녀들을 죽게 했다.

비엘은 인류학자로서 카타리나를 만나고, 여러 장소에 가서 카타리나와 인연이 있는 사람들을 만나 여러 가지를 이야기하고, 썼다. 그러고 보면 그는 인류학자의 영역을 넘어서고 있었는지도 모른다.

그러나 비엘이 그렇게 넘치도록 말을 하기도 전에 카타리나는 이미 사전을 쓰고 있었다. 언뜻 보면 제각각이고 연관도 없으며, '군이 하지 않아도 좋은 이야기'라고 볼 수 있는 사항을 상관관계 속에서 파악·해석하고, 이를 통해 세상에 말을 걸려 했다. 이윽고 사전은 노트 스물한 권 분량이 되었다. 그중 두 권은 자원봉사자 간호사가 버렸지만 나머지 열아홉 권은 비엘에게 맡겨졌다.

묵도와 외침 1

질주의 자세

형은 달릴 때 말이 없는 것이 아니다. "오……" 하고 외치면서, 말이 뜀질하듯 도약을 반복해 달려간다. 몸은 긴장하면서 진동하고 있다. 그래도 엄청나게 빨리 달려간다.

지금도 그 순발력은 쇠퇴하지 않았지만, 어릴 적엔 형이 달리기 시작하면 여섯 살 아래인 내가 따라잡을 수 없었다. 자기가 좋아하는 리듬의 곡이 연주될 때, 기분 좋은 바람이 불어올 때, 곧 형은 달리기 시작한다. 도약하면서 리듬과 몸이 하나가 되어나간다.

형이 중학교 졸업식 때 찍은 인상적인 사진이 있다. 담임선생님에게 이름을 불린 졸업생은 승강구를 나와 재학생이 만든 줄 사이로 빠져나간다. 바로 그 순간을 담은 사진이다. 형은 담임선생님에게 호명되어 재학생들 줄 앞을 달린다. 짧은 스탠드칼라의 남학생복 호크까지 꽉 잡고 어깨에 메는 가방을 목에 건 채 졸업장을 들고 달린다. 담임선생님(형의 중학교 2학년과 3학년 때 담임교사였는데, 형은 중학교를 졸업하고 나서도 그 선생님 이름을 집 안에서 중얼거렸다)은 기쁜 듯 웃고 다른 선생님도 미소로 그를 보고 있다. 아마 1학년일 법한 재학생들 중에는 놀란 얼굴을 한 아이도 있고 웃는 아이도 있다. 그렇게 중학교 생활 3년의 마지막을 마무리했다. 3년간 여러 일이 있었을 것이다. 졸업한 뒤 진로도 아직 정해지지 않았다. 형은 달리면서 중학교를 졸업했다.

형이 고등학교에 들어가기까진 6년이라는 시간이 더 걸렸다. 6년은 형과 나의 나이 차이다. 형과 나는 같은 해 고등학교에 입학했다. 1994년 4월의 일이다.

내가 형과 같은 중학교를 졸업할 때는 형이 다녔을 적과 같은 졸업생 배웅 행사는 없어졌다. 학급 대항 연극제 등 학교 행사도 줄었다. 졸업식이 끝나자 교실에서 담임선생님 이야기를 듣고 반 친구들과 이야기하며 학교 건물을 나섰다.

1988년 3월, 열다섯 살의 형이 달렸다. 주위의 축복과 당혹스러움 끝에는 진로를 막는 벽과 이를 극복하기 위한 긴 싸움이 있었다. 형을 이해하는 사람도 있고 이해 못 하는 사람도 있었다. 형에게 차가운 시선을 보내는 사람도, 그런 눈빛을 보내는 것으로 끝나지 않은 사람도 있었을 것이다. 그 사람들 눈앞을 소리 높여 달려간다.

형은 1979년 초등학교에 입학했다. 이해에 양호학교〔특수학교—옮긴이〕의무화가 시작되어 장애가 있는 아이는 양호학교나 특수학급에서 배울 수 있게 되었다. 그런 흐름에서 지역 학교에 다니는 장애가 있는 아이는 양호학교나 특수학급에 갈 것을 강요받게 됐다. 형과 부모님은 그 지역에 있는 학교에 다니기로 선택했고 형은 거의 쉬지 않고 초등학교와 중학교에 다녔다.

형이 학교에 다니고 학교에서 돌아온다. 그 매일의 행동은, 카타리나의 인식론적·존재론적 자세와 겹친다.

국가가 복지 예산을 깎고 가난한 사람을 미련 없이 버리고 가족에게 떠넘긴 것. 가족은 남성과 비교해 극히 낮은 위치에 있는 여성인 카타리나를 돌보는 일을 그만둔 것. 그 속에서 유전적 장애를 입은 그녀는 의료 복지와 가족 돌봄의 대상이 되지 않고, '광기'로 낙인찍혔다. 그 일련의 흐름 끝에 격리시설

비타 안에서의 카타리나의 삶은 있었고, 그것에 대한 저항의 말로 그녀가 쓴 '사전'이 있었다.

형은 '양호학교 의무화'에 따라 거주지에서 떨어진 양호학교에 다닐 것을 교육위원회에서도, 초등학교에서도 강요받았다. 담임이나 동급생 보호자로부터도 여기에 있어야 할 아이가 아니라는 말을 들은 적도 있었다. 그런 와중에 형은 학교에 다녔다. 갖가지 일과 사건이 일어났다. 다양한 대화가 있었고, 그 속에서 사람들이 품었던 마음이 기록되기도 했으며(형이 중학교에 다니던 시절 어머니는 뉴스레터를 발행해 반 친구들과 학교 선생님들에게 나눠주었다) 기억되기도 했다. 형은 중학교를 졸업하고, 낮에 전단을 나눠주는 일과 우유갑을 사용한 종이뜨기 일을 하면서 6년이라는 시간을 들여 정시제 고등학교〔근로 청소년을 위해 1948년 출범한 고등학교 과정으로 자기 속도대로 배우고 싶은 사람이나 일하면서 고등학교 교육을 받고 싶은 사람을 대상으로 한다—옮긴이)에 들어갔다. 그리고 한참 뒤에는 미누마 논 복지 농원에서 일하게 됐고, 지금은 도우미의 도움을 받으며 살고 있다.

쓰쿠이야마유리엔과 도쿄올림픽

2021년 7월 23일 도쿄올림픽이 개막했다. 나는 개회식도 경기도 거의 보지 않았지만, PC나 스마트폰을 열어봐도 TV나 라디오를 켜도 혹은 직장 동료와 나눈 메시지 교환이나, 가족 간의 대화에서도, 올림픽에 관한 이야기로 꽃을 피웠다. 선수의 활약에 대한 호의적인 반향이든, 개최 자체를 묻는 비판적인 의견이든, 내 타임라인의 많은 부분을 올림픽이라는 화제가 차지했다.

2021년 7월, 쓰쿠이야마유리엔에서 살상 사건이 일어난 뒤 5년이 지났다. 올림픽 개막식 뉴스나 경기를 보도하는 뉴스를 들으면서 5년 전의 리우데자네이루올림픽의 '메달 러시'에서 쓰쿠이야마유리엔 사건을 둘러싼 보도가 지워졌던 일을 떠올렸다. 2016년 7월 26일에 사건은 일어났고, 현지 날짜로 8월 5일에 올림픽은 시작되었다. 많은 사람의 눈이 올림픽 선수들의 활약으로 향했다. 당시 신문의 1면을 돌아봐도 처참한 사건을 둘러싼 보도는 어느새 꿋꿋한 젊은이의 미소로 바뀌어 있었다.

쓰쿠이야마유리엔은 1964년에 창설되었다. 그해 열린 올림픽 조정 경기의 현지 개최와 함께, 당시 사가미코초 촌장이 지역 진흥의 마중물로서 야마유리엔을 유치했다. 1965년에는 성시로 시로야마 댐이 준공되었고, 그 보상으로 지역 개발도 진행되었다.[10]

사건을 둘러싸고 온갖 이야기가 회자됐다. 나도 여러 글을 썼다. 그렇게 쏟아져 나오는 말의 의미를 받아들이며 그 옆에서 느낀 건, 그들이 살았던 것보다 죽임을 당하고 만 것이 오히려 의미 있게 되는 안타까운 일이다.

언론에서 나오는 범인에 대한 논평도 내 주위에서 그 사건에 대해 사람들이 나누는 말도, 나는 잘 받아들일 수 없었다. 이 사건에 대해 해설하는 그리고 해석하려는 말이 모두 피상적인 것 같았다. 회자하는 말 중에는 범인을 교도하려는 의도에 반해, 사실은 그의 사상을 지지하고 있는 것처럼 느끼게 하는 것도 있었다. '의사소통이 안 되는 사람은 살 가치가 없다'는 범인의 주장에 대해 중증 장애가 있는 사람과 의사소통을 할 수 있다고 말할 때, '자, 그러면 의사소통이 안 되는 사람은 살 필요가 없느냐'고 되받아줄 수 있다. 그런데 이렇게 되면 결국 된다/안된다의 선을 어디서 긋느냐 하는 이야기로 흘러가버린다.

범인과 범인을 교도하려고 말하는 사람은 모두 수다스럽게 말한다. 그러나 나는 그 사이에 의사소통이 성립된다고는 생각할 수 없었다. 그것은 또한 '나'와 '타자' 사이에 의사소통이 충분히 이루어진다고 하는, 본래 가능하지도 않은 일을 마치 가능한 것처럼 말하는 것과 진배없다고 느꼈다.

사건의 압도적인 폭력과 그것을 알지 못하는 옆에서 목에 메달을 건 젊은이들의 미소와 그들의 반짝이는 이야기가 세상을 사로잡는다. 하지만 그 이야기를 아무리 듣고 아무리 읽었다고 해도 사실은 메달을 손에 쥔 그들의 무엇을 우리는 이해하고 있었단 말인가.

추도회에서 외치다

2017년 7월 하순에 사가미호 주변에서 열린 사가미댐 건설 순직자 추도회에 형과 참가했다. 대회장의 큰 홀에 많은 사람이 모여, 자리는 가득 메워졌다.

그 추도회의 첫머리에 주최자는 이번 추도회가 댐 건설을 하다가 죽은 일본·한국·중국 사람들과 더불어 전년 7월 쓰쿠이야마유리엔에서 살해된 열아홉 명을 기리는 자리라고 묵념을 올렸다. 침묵에 싸인 공간에서, 형은 "아—" 하고 큰 소리로 외쳤다. 오른쪽 손바닥을 접시 모양으로 만들어 입 밑에 대고 왼쪽 손목은 오른손 끝에 대고 손끝은 왼쪽 귀에 댄다. 그렇게 자신의 목소리를 귀에 울리면서 그 소리와 떨림을 확인한다.

추모회는 사가미댐 건설의 역사를 파헤치는 일을 40년 넘게 해온 사람들이 개최한 것이다. 지역에 뿌리를 둔 활동에 따라 추모회는 다양한 당파 정치인과 그 관계자, 다양한 입장의 재일 외국인 단체 대표가 참여했다.

이 지역의 무거운 역사를 마주하며 정성스럽게 만들어진 모임의 가장 엄숙한 때에 형은 소리쳤다.

나는 당황했다. 아무것도 못 하고 잠자코 눈을 감았다. 주변 사람들로부터 형이 이곳에 있다는 것, 형을 이곳에 데려온 것을 추궁당하는 것은 아닐까 하는 불안감을 강하게 느꼈다.

그런 견딜 수 없는 시간이 몇십 초 계속된 후, 이윽고 나는 다른 것을 생각하기 시작했다. 바로 형이 짜증스럽게 외치는 것이야말로 '형의 뜻 아닐까'라는 점이었다. 2016년 7월 26일 쓰쿠이야마유리엔에서 일어난 사건에 대해서, 나와 그 주위 사람을 포함해 많은 사람이 말로 표현할 수 없는 생각을 안고 있다. 그러나 그것을 말로 잘 표현하지 못하고 혹은 말로 해도 정말로 느낀 것, 생각한 것과 어긋나 버리는 것처럼 느껴진다. 아무 말도 할 수 없는 답답함에 사로잡혀 있다. 내가 그 일과 마주해야 할 시간에 형은 침묵을 깨고 소리쳤다. 외치는 형 옆에서 나는 말을 거듭하는 것도 아니고 답답하게 침묵하는 것도 아닌, 소리를 지르는 의사표현을 생각했다. 나는 쓰쿠이야 마유리엔에서 일어난 사건에 대해서도 사가미 댐에 대해서도 말만 늘어놓을 뿐, 소리치지 않는 것을 생각했다.

형은 묵도를 하지 않은 것이 아니라 외친 것이다. 그리고 나는 소리를 지르지 않았다.[11]

함께 있을 수 있다

쓰쿠이야마유리엔 사건을 일으킨 범인의 우생 사상에 대항하기 위해 "중증 장애인에게도 우리와 '똑같이' 마음이 있다", "중증 장애인도 의사소통을 할 수 있다"라고 다들 말한다. 거기에는 "같은 마음을 갖고 있지 않은 사람이 있다면", "의사소통이 안 된다면" 존재할 필요가 없다는 사고가 파고들 여지가 있다.

중요한 것은 '다르다/같다', '할 수 없다/할 수 없는 것 같지만, 할 수 있다' 같은 이분법에 빠지지 않는 방법으로 여러 가지 것과 함께 '잠깐 사이'에 있는 것을 말하는 것이며, 그리고 범인을 포함한 우리의 편협한 인간관을 흔드는 것이다.

인류학자 구보 아키라久保明는 인간과 기계의 관계에 대해서 '우리=인간'이라는 것을 기계가 아닌 것으로서 조치하고 결정하는 것이 아니라, 오히려 인간을 포함한 생물과 기계의 유비성을 철저하게 인정함으로써 기계와 인간을 둘러싼 기존의 파악하는 방법이 확장될 가능성이 있다고 말한다. 여기서 환기되는 것은 인간과 기계를 일정한 규칙에 따라 움직이는 것으로서 파악한 후, 거기에서 벗어나는 인간적 영역을 근거로 하여 양자를 비교하는 외재적인 시점을 확보하는 것이 아니라, 오히려 외재적인 시점을 단념한 후에 인간을 기계와의 유비성에서 파악하는 것을 통해서 우리 자신이 미리 예측도 제어도 할 수 없는 방법으로 생성 변화해 가는 이치다.[12]

추도 집회에서 형이 외친다. 그로 인해 예측도 제어도 할 수 없는 형태로, 나의 정서와 사고는 흔들려, 야마유리엔 사건을 말하는 언설(담론)이 간과하고 있던 것을 깨달았다. 여기서 중요한 것은 형과 나(우리)의 혹은 장애인(자폐인)과 비장애인의 사고방식이 다르다는 것을 지적하는 것이 **아니다**. 형의 외침을 통해, (외칠 수 있었을 텐데도) 소리치는 것을 선택해오지 않은 나를 발견하고, 소리치지 않은 것에 의해 나의 사고가 무엇에 집착하고 있는지 찾아내는 것이다. 나는 소리치지 않왔고, 그리고 나는 이 사건을 머리로 이해하려고 노력하고 있었다. 그 일로 인해 사실 많은 것을 이해하지 못했다는 것을 알게 되었다.

구보는 말한다. 계산기 과학이 추진해온 "인간적 지성은 기계로 재현할 수 있다"는 발상을 정면으로 받아들일 때, 그것은 인간을 단조로운 것에 빠뜨리는 것을 의미하지 않는다. 오히려, 기계와 같은 단조로운 것이 아닌 것으로서 인간을 파악하는 기존의 발상, 그 단조로움을 깨는 것으로서 포착할 수도 있다.[13] 그것은 또한 장애가 있는 사람과 없는 사람의 차이가 아니라, 본래 누구와도 의사소통 같은 것은 되지 않았을지도 모른다고 상정하면서 그래도 함께 있을 수 있다고 생각하는 것이기도 하다.

지금 내가 생각하는 것은 범인의 마음속에, 혹은 꿈속에 그가 죽여버린 사람이 나타나지 않는가 하는 것이다. 범인에게 속죄의 마음이 있다고 한다면, 그 마음은 장애인 일반에 있는 것이 아니다. 그가 죽인 사람에 대해서다. '마음이 없는 이'라고 단정하여 죽여버린 사람들과 그가 '대화'를 하는 것, 그 자신이 불가능하게 만들어버린 것을 그 자신이 바라는 것, 기도하는 것밖에 없다.[14]

난쟁이와 함께 있는 세계

아프리카 가나 남부 삼림지대에 있는 개척 이민 마을을 대상으로 현장연구를 실시한 이시이 미호石井美保는 정령을 섬기는 사제의 집에 얹혀살려 했다. 정령을 모신 건물은 사제의 집 북서쪽 모퉁이에 만들어졌고, 문간에는 흰 천이 걸려 있었다. 입구 지면에는 교차시킨 칼과 유리병이 박혀 있었고, 세 갈래가 된 가지 위에 물을 담은 검은 항아리가 놓여 있었다. 처마 끝에는 한때 제물로 바쳐졌던 양과 소의 두개골이 매달려 있었다. 건물 안쪽은 두 칸으로 나뉘어 각각 정령이 모셔져 있었다. 안방에는 방울과 자패紫貝를 매달아놓은 하얀 막이 중앙에 둘러쳐져 있었다. 방문자의 시선은 그 하얀 막에 의해 가려졌다.[15]

사제는 정령들뿐만 아니라 '모아티아'라는 난쟁이도 섬기고 있었다. 난쟁이들은 사제가 말을 거는 데 응해서 찾아오기도 하고 자기 마음대로 오기도 했다. 이시이는 안방에서 장막 한 장을 사이에 두고 난쟁이 장로들과 이야기했다. 난쟁이들은 담배나 술을 요구하기도 하고 옛날 옛적 이야기를 들려주기도 했다.

그렇게 하얀 천 너머로 이야기를 나누던 난쟁이를 이시이는 두 번 보게 된다.

그 두 번째 만남을 이시이는 다음과 같이 기록한다.

오전 10시가 넘어서 나나 사치(사제)가 마라카스를 흔들고 나나 보아포(난쟁이의 장로)를 건물로 부른다. 세 번째 호출에서 펑! 하는 충격음과 함께 보아포가 건물에 도착한다. 천 저편에서 격렬한 마라카스(라틴 음악에서 쓰는 리듬 악기의 일종—옮긴이) 소리. 나나 사치는 한 손으로 천을 걸어 올려 안을 향해 흰 가루와 향수 스프레이를 뿌린다. 이윽고 천 너머를 들여다보듯 나나가 나를 재촉한다. 나는 천 끝에서 고개를 찔러 안을 들여다보았다. 사방 1미터 남짓한 공간 중간쯤에 줄무늬가 작은 바타카리가 벗어던져 있다. 천장에서는 검은 각형의 나무(신령이 나타날 때 매체가 되는 것—옮긴이)가 매달려 있다. 그 밖에는 아무것도 없다.

옥양목 밖으로 얼굴을 내밀어 아무것도 보이지 않았다고 나나에게 말하자 그는 제단 구덩이에 조롱박을 넣고 영수靈水를 떠서 그것을 내 눈꺼풀에 발랐다. 천의 뒤를 다시 들여다보니 방구석에 줄무늬 바타카리를 입은, 키 70센티미터 정도 되는 이가 있다. 검은 장발(곱슬머리?)이 얼굴부터 발밑까지 덮은, 몸 전체가 조금씩 흔들리고 있다. "에에, 에피아, 오피아포!"라고 말하는 나나 보아포의 목소리가 그쪽에서 들린다. 가능한 한 고개를 쭉 뻗고 뚫어지게 쳐다보는 나를 나나가 뒤로 젖히며 "봤냐?" 하고 묻는다. "봤지? 그는 거기에 있어."[16]

이시이는 가나에서 돌아와 난쟁이를 본 이 경험을 이야기했다.

그러자 이시이의 지인 중에도 난쟁이나 갓파(물속에 산다는 어린애 모양을 한 상상의 동물—옮긴이) 같은 것을 본 것을 망설이면서 말해주는 사람이 있었다.

하지만 친구들이 말하는 일상의 균열이 보인 경험은 그녀가 사제의 집에서 난쟁이를 보았을 때의 감각과는 다르다고 한다.

그 감각은 잘 안다. 하지만 그것은 가나의 마을에 살 때의 나의 감각과는 조금 다르기도 하다. 마을의 생활 속에서 정령이나 난쟁이들은 이형異形자이면서 사교적이어서 망상이라고 하기에는 너무 구체적이었다. 이들의 존재는 밭일이나 이웃 간 실랑이나 축구경기 같은 온갖 일에 연루돼 있었고, 생활의 세부에까지 침투해 있었다. 처음에는 나도

67

나나 사치의 속임수라고 생각하거나 내 감각을 의심했지만, 그사이에 익숙해졌다. 정령과 난쟁이들은 삶의 미묘한 사정과 나누기가 매우 어려우므로 그들만을 '비현실적인 것'으로 잘라내어 생각하는 것은 거의 불가능하다.[17]

마을에 살면서 그곳에서 사는 사람들이 그렇듯 난쟁이를 보고 말았을 때의 감각을 이시이는 사우디아라비아 태생 문화인류학자 탈랄 아사드Talal Asad의 말을 빌려 '제정신sane' 이라고 표현한다. 제정신이 되려는 것은 스스로 그 자리에 나타난 세상을 받아들이면서 자기의 본연의 자세를 실천적으로 조율해나가는 것이다. 난쟁이가 있는 세계를, 있을 수 없는 것으로 치부하는 것도 아니고 자신에게 익숙한 가치관을 놓지 않고 머뭇거리다가도 인정할 일도 아니다.

타자와 함께 있는 세계

이시이가 난쟁이가 있는 세계에 대해 말하고 있는 것은 본래 타자와 함께 있는 세계 전반을 말하는 것이 아닐까. 타자의 존재를 의미 있는 것으로 발견할 수 없다면, 그것은 그 사람의 타자에 대한 이해 부족이 아니라, 그 사람이 타자와 사는 세계의 양상에 대해 생각해야 할 문제가 있는 것은 아닐까.

2017년 4월, 같은 직장에 근무하는 존경하는 선배가 주최하는 연구회에 초대를 받아, 막 세 살이 되려는 큰딸과 형을 데리고 사이타마현의 서부로 갔다. 당시 둘째 딸이 태어난 지 얼마 되지 않아 내가 첫째 딸을 돌보게 됐다. 형도 주말 예정이 없다는 것을 알고 동행했다.

전날은 산속에 있는 선배 집에 묵기로 되어 있었다. 도중에 큰딸이 좋아할 거라며 동물원에 들렀다. 얼룩말이나 기린을 보고, 트레이닝 기구를 갖춘 체육관에서 놀았다. 형은 동물들을 나름대로 흥미롭게 보고 있었지만 놀이기구를 가지고 놀지는 않았고, 조금 거리를 두면서 큰딸과 나의 모습을 지켜보고 있었다. 매점에서 점심을 샀다. 형은 카레를, 나와 큰딸은 야키소바와 프랑크푸르트 소시지를 주문했고 셋이서 나눠 먹으려고 닭튀김도 샀다.

출발 전 엄마가 따라오지 않는 것에 기분이 상하지 않도록 큰딸에게는 아이스크림을 줬다. 아이는 그 아이스크림을 차 안에서 먹었다. 그러곤 동물원을 나올 무렵 자동판매기 앞에서 아이스크림을 하나 더 사달라며 조르기 시작했다.

그 모습을 한참 지켜보던 형은 슬며시 자기 지갑을 꺼냈는데, 그날 형은 세 번째 아이스크림을 사는 셈이었다. 상품을 받는 입구 앞에 큰딸이 있었고, 결과적으로 아이스크림을 집은 것은 그 애가 되었다. 먹고 싶은 아이스크림을 손에 넣자 큰딸은 기쁜 듯이 형을 올려다보았다. 형 얼굴에는 '아차' 하는 표정이 떠올랐다. 두 사람 사이에 우발적으로 '상냥한 큰아버지와 기뻐하는 조카딸' 관계가 생겨났다. 그 옆에 있던 나는 형의 곤혹스러움을 알아차렸다. 나는 형에게 양해를 구하고 딸에게 아이스크림을 한 입 먹인 다음, 남은 것을 형에게 건넸다. 그리고 아이스크림을 세 개나 먹으면 어떡하냐고 잔소리를 했다.

쭉 좋은 사람인 것이 아니다. 길동무가 되는 농밀한 관계 속에서 때때로 좋은 사람이 된다.

선배 집에 도착했다. 선배 집은 그 지역에서 가장 고도가 높은 곳에 만들어진 마을의 오래된 농가다. 장작 난로로 만든 요리를 먹고, 장작으로 끓인 물로 목욕을 했다. 형은 편안히 쉬었고, 큰딸은 선배의 아내가 목욕물 데우는 것을 도왔다. 나와 선배, 그 가족, 그리고 그곳에 있던 사람들과 술을 마시며 이야기했다. 큰딸은 선배 집에 있는, 이 집에 옛날에 살던 사람의 소유물다운 오래된 일본 인형을 발견하고는 그걸 가지고 놓았다. 선배가 가져가도 된다고 했지만, 그것만큼은 거절했다. 맥주나 와인을 마시지 않는 형은 오는 길에 사워〔위스키·브랜디·소주에 레몬이나 라임 주스를 넣어 신맛을 낸 칵테일—옮긴이〕를 산다는 걸 깜빡해서 선배로부터 당근 주스를 받아 마셨다.

전날은 흐린 날씨였지만, 다음 날은 아주 맑았다. 산의 신록이 눈부시고 거기에 산벚나무가 색을 곁들이고 있었다. 큰딸이 일어나자 선배가 같이 색칠하자고 했다. 나는 아이가 온다고 해서 일부러 색칠할 그림을 준비해둔 거냐며 선배에게 고마움을 표했다. 그러자 선배가 연륜이 깃든 파란색 철제 테이블에 딸을 앉혔다. 유자가 올려진 접시와 커피 잔을 치워 그날의 배포 자료 사본을 내놓았다. 그리고 배포 자료에 직접 그린(낫토와 밥이 그려져 있던) 일러스트에 형광펜으로 색칠하기 시작했다. 잠옷 차림의 큰딸은 선배와 함께 의자에 앉아 색을 선배를 따라가며 제멋대로 칠하기 시작했다.

미리 놀잇감을 준비하지 않아도 놀이가 일이 되고 일이 놀이가 된다. 그 결과 수십 장씩 복사된 자료들은 하나하나 개성을 띠게 되었다. 그리고 풍로에 프라이팬을 올려 계란말이를 만들고 커피를 내려 마당에 테이블을 내놓고 아침을 먹었다. 연구회 전 분주해지기 쉬운 시간에 거기에 있었던 것은, 선배가 아프리카를 시작으로 세계 각지에서 다양한 사람과 함께

하려고 한 과정에서 태어난 지혜와 몸짓이라고 나는 생각했
다. 일찍 일어나 옷도 갈아입고 나온 형은 의자에 앉아 그 모
습을 바라보고 있었다.

연구회에서 형은 시종일관 기분이 좋았다. 자유토론 시간
에는 발언도 했다. 형은 일어서서 불쾌한 때와는 다른 조금 높
은 목소리로 "아—" 하고 말했다. 참석했던 사람들은 그의 발
언을 차분히 들었고, 그는 한바탕 말을 한 뒤 착석했다. 사회
를 보던 선배는 "발언 감사합니다"라고 화답했다. '장애인 문
제'를 생각하는 연구회가 아니라 모인 사람들의 관심은 농·
공예, 지역 만들기에 있었는데, 그중 중요한 한 사람으로서 장
애가 있는 사람도 있었고, 그의 발언(보통 회의에서는 아마도
발언으로 보이지 않고, 경우에 따라서는 모임의 진행을 방해하는
'기이한 소리'로 여겨졌을 수도 있다)에 모두 귀를 기울이고 있
었다.

그런 '제정신'인 공기가 있었기 때문에 형도 기분이 좋았다
고 나는 느낀다. 한 사람 한 사람의 표현이, 그 내용도 형식도
다양한 것을 받아들이는 것이 바로 함께 있는 것으로, 그것은
특별한 장소가 아니고, 일상의 여기저기에서 발생할 수 있다.

우리가 이 세상에서 바라봐야 할 것은 난쟁이가 아닐 수도
있다. 그래도 충분히 의미가 있다. 우리가 당연하게 생각하고

있는 일—가령 큰아버지와 조카의 관계, 일이나 놀이, 아이와 어른, 목소리와 말, 연구회, 마음이나 이성, 의사소통 그리고 인간—의 이미지를 흔들면서, 자신과 세계의 양상을 실천적으로 조율해간다.

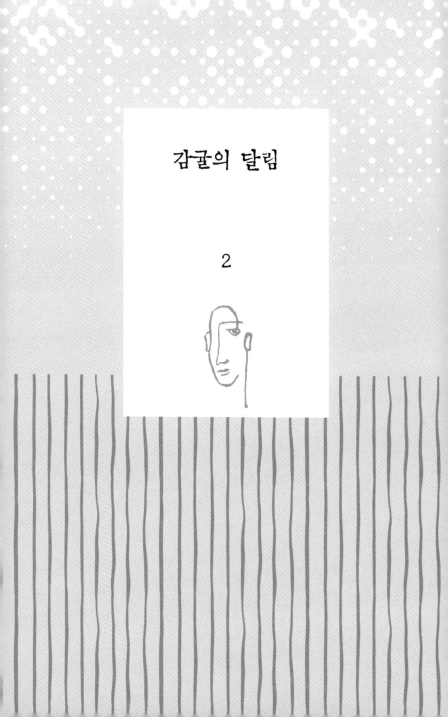

감귤의 달림

2

어긋남과 절충

이불 속

이시이 미호의 말을 단서로 삼아, 중증 지적장애가 있는 사람에게 마음이 없다는 세계관에 맞서면서 마음의 유무 따위 묻지 않아도 되는 세계의 모습을 그렸다. 그것은 난쟁이가 없는 것이 당연한 세계에서 난쟁이가 당연하게도 있는 세계의 성립을 그리는 것과 겹친다. 서로 다른 세계가 된 두 세계 사이에서 말을 자아내는 것이 문화인류학이다. 그 기술의 성패는 말을 자아내는 것의 진정성이 독자에게 전달되느냐, 두 세계의 경계를 흔들 수 있느냐에 달려 있다. '제정신'인 공기를 둘러싼 이시이 미호의 간절한 말은 나에게 힘을 주었다.

초등학교 3학년인 나와 중학교 3학년인 형과 있었던 일을
어머니는 다음과 같이 기록하고 있다.

"고헤이짱." 이불 속에서 동생을 불러요.
"뭔데?"
"니이 군이 부르고 있잖아."
마지못해, 아니 반쯤 기뻐하며 이불로 향하는 동생. 료타,
기뻐서 이불 속에서 기다린다. 그러고는 료타가 도망칠 때
까지 간지럼을 태웁니다.[18]

형과 나는 같은 단지의 집에 살면서 매일 아침과 밤에 같은
테이블에서 밥을 먹고, 다다미 방에 이불을 나란히 펴고 잠들
었다. 형은 동네 중학교에 다녔고, 나는 형이 다녔던 초등학교
에 다녔다. 그 무렵에 형과 형 친구들은 고등학교 수험을 결심
했다. 원래 중학교를 졸업하면 형을 취직시키려고 준비하던
어머니는 교토·나라로 수학여행을 떠난 형의 모습을 담임선
생님이 촬영한 비디오로 보고 마음을 바꾸었다.

첫날 큰 소리를 내던 형은 반 친구들과 함께 절과 신사를 조
용히 둘러보고 있었다. 중학교 2학년의 하야시마학교 때와는
달리 동급생에게 섞여 웃는 얼굴만을 보였다. 이윽고, 지적장

애가 있으면서 고등학교 진학을 목표로 하는 다른 가족이나, 어른 장애인이나 그 지원자와 함께 고등학교나 현 교육당국과의 교섭이 시작되었다. 나는 그곳에 마지못해 가서 아주 긴 시간을 보냈다.[19] 형에게 장애가 있다는 것은 지적장애가 있는 사람, 점수를 못 받는 사람에게 고등학교 문을 열려고 하지 않는 제도와 부딪히는 가운데, 나에게서 의미—형은 장애인이며, 사회로부터 차별받고 있다—를 강화해갔다.

어머니가 쓴 우리 형제의 기억은 나와 형의 관계가 어떤 것이었는지, 어떤 것일 수 있는지를 지금의 나에게 전해준다.

연회의 웃음

형이 셰어하우스 같은 공동주택에서 살게 된 지 몇 년 됐다. 그 집은 큰 거실이나 큰 주방 등 공간을 함께 사용하면서 혼자서 사용할 수 있는 개인실이 있다. 이곳은 장애 있는 사람들의 그룹홈이 아니다. 여러 사람이 산다. 형은 매일 도우미로부터 신변의 도움을 받으며 살고 있다.

어느 해 주말, 이 공동주택에서 연회가 열렸고 나는 밭일을 마치고 돌아오는 길에 아이를 데리고 참석했다. 이날 공동주택 주인이 찌개 요리를 했고, 주민뿐만 아니라 주인과 주민의 친구들도 참석했다. 우리가 도착했을 때 형은 어머니와 둘이서 우라와 레즈의 축구 경기를 보러 가서 거기에 없었다. 아이들은 넓은 공유 공간에서 놀고, 건물의 부엌·욕실·화장실 등 물을 사용하는 장소를 한 바퀴 도는 복도를 뛰어다녔다.

그렇게 연회로 분위기가 무르익자 우라와 레즈 유니폼을 입은 형이 돌아왔다.

현관을 통해 들어오자마자 소파에 털썩 앉은 형은 잠시 후 뜻하지 않게 많은 사람이 모여 있는 상태에 혼란스러웠는지 큰 소리를 냈다.

연회 분위기는 잦아들었고 훈훈한 분위기에 긴장이 흘렀다. 처음 형을 만난 사람들은 그 모습을 의아하게 바라보았다. 나는 '자, 그러면 어떻게 이 상황에 대처할까' 하고 생각했다. 형에게 조용히 해달라고 전하면서 넌지시 형에게 장애가 있다는 것, 그리고 내가 그의 동생이라는 것을 밝힐까.

그때 이미 술을 많이 마시고 술에 취해 있던 그 집 주인이 말하기 시작했다.

"이 친구는 모르는 사람이 있어서 불안하면 큰 소리를 내더라. 그리고 자기 목소리를 듣고 마음을 가라앉힌다. 나도 어렸을 때 그런 적이 있으니까 잘 알아."

취기가 오른 그 말투에는 긴장감이 없다. 하지만 그 말에 모두가 귀를 기울였다. 의아한 듯 형을 바라보던 사람들도 수긍하는 표정이 되어 있었다.

잠깐 사이를 두고 집 주인이 말을 이었다.

"뭐, 진짜 속마음은 어떨지 모르겠지만……."

그렇게 웃자 형도 "우후후" 하고 웃었다.

자신의 행동에 대한 집 주인의 해석에 형이 동의했는지는 알 수 없다. 해석에 동의하는 것 같기도 하고, "속마음은 어떨지 모르겠지만……"이라는 말에 공감하는 것 같기도 하다. 어쨌든 그때 집 주인(두 사람은 동갑이다)과의 관계에 형이 호감을 갖고 있음을 느꼈다.

장애가 있는 사람이 있을 것으로 생각해본 적 없는 장소에 장애가 있는 사람이 있다. 거기서 일어난 일을 장애를 이유로 설명하지 않는다. 자신들과 성질이 다른 이로서 설명하는 것이 아니라 자신과 공통되는 이로서 말한다. 물론 그게 맞는지는 알 수 없다.

그 후 형은 집 주인이 만든 요리와 손님이 가져온 요리를 먹었다. 벌써 저녁을 먹고 왔을 텐데 구운 돼지고기를 와구와구 먹었다. 음식을 가지고 온 사람은 그날 처음 형을 만났는데, 형이 맛있게 먹는 모습을 보고 "맛있죠?" 하며 말을 걸었다.

밤이 깊었기에 나는 형에게 우리 집으로 가자고 이야기하고 아이와 함께 자택으로 돌아왔다. 이날 형은 우리 집에 묵었다.[20]

타자를 신경 쓰는 외침

도쿄 다마 지구에서 활동하는, '타코노키 클럽' 이와하시 세이지岩橋誠治의 말에 귀 기울여보자. 이 클럽은 1980년대 후반에 '장애가 있든 없든 관계없이 지역에서 함께 사는 것을 목표로' 활동을 시작했다. 어린이회를 중심으로 하는 활동은 아이들이 커감에 따라 그들 그녀들의 일터 만들기와 삶을 지탱하는 구조로 확대되었다.[21]

이와바시 씨는 수년간 계속 관여하고 있는 장애가 있는 사람과 자신 사이에 있는 '어긋남'과 '절충'에 대해 이야기한다. 예를 들어 '행동장애'가 있다고 여겨지는 K 씨에 대하여.[22]

혼잡한 곳에 가면 K 씨는 자기 앞을 걷는 사람이나 자기를 향해 오는 사람에게 소리를 지른다. K 씨를 처음 보는 사람은 그 목소리에 놀라 그를 멀리하려고 한다. 도우미로 K 씨 곁에 있는 사람들은 K 씨가 일으킨 그동안의 문제를 생각해 또 무슨 일이 생기지 않을까 걱정한다. 이와바시 씨 본인이 동행할 때도 K 씨에게 주의를 기울이면 점점 패닉에 빠져 목소리가 커지므로, 입 밖으로 내지 않고 '침착해', '조용히 해' 하고 마음 속으로 외치면서 계속 지켜본다. K 씨가 소리치면 스쳐 지나가는 사람들이 겁먹지 않도록 "그의 외침이나 행동에 아무런 문제가 없어요"라며 내심 긴장을 감추고 웃는 얼굴로 쫓아간다.

그렇게 K 씨에게 '행동장애'가 있다는 것을 전제로 주위와의 접촉을 최소화하기 위한 배려를 해왔다.

그러나 어떤 사건을 계기로 K 씨에 대한 이와바시 씨의 시점이 완전히 바뀌었다.

그날 K 씨는 평소와 달리 분명히 기쁜 웃음을 지으며 인파 속으로 들어갔다. 평소처럼 소리를 지르고 발을 동동 굴렀지만, 모습이 달랐다. 혼란스러워 소리를 지르고 있는 것이 아니라 분명히 어떤 의도를 가지고 소리를 쳤다. K 씨는 인파를 향해 가방을 높이 들고 "와~!"하고 웃는 얼굴로 외쳤다. 그 목소리에 행인은 뒤돌아봤지만, 그가 웃는 것을 보고 "깜짝 놀랐잖아"라고 웃는 얼굴로 화답하면서 길을 열고 있었다.

그 순간 이와바시 씨는 평소 그가 소리치는 것은 다른 사람을 놀라게 하려는 것도 아니고 패닉에 빠져 있는 것도 아니고 자신을 억누를 수 없는 것도 아닌, 단지 다른 사람이 '자신의 존재를 알아채길 바라는 것일 수도 있다'고 생각했다.

그렇게 생각하니 K 씨와 관련된 여러 가지 일들이 연결되었다. K 씨는 남이 자신을 만지는 것을 극도로 꺼리는 접촉 과민 상태에 있다. 그래서 사람들이 붐비는 거리를 걸을 때는 사람들에게 닿지 않도록 요령 있게 몸을 비틀어 가방을 머리 위에 올려놓고 이동한다. 주위에서 그의 존재를 알게 되면 자신을 피해 주기 때문에 남의 몸에 닿는 일이 없어진다. 그렇다면 '외치는 것'은 그가 인파 속을 잘 걷기 위한 기술일지도 모른다.

더욱이 이와바시 씨는 저녁에 K 씨가 혼자 사는 집을 방문했을 때 으레 전등이 모두 꺼졌던 것을 떠올린다. 어느 날 조금 일찍 그의 집에 도착해 집 안의 모습을 들여다보니 K 씨의 방도 현관도 불이 켜져 있었다. 이와바시 씨가 초인종을 누르는 순간 등불은 모두 꺼졌다. 이와바시 씨는 그의 불가해한 행동에 대해 K 씨가 "나를 위해 전등을 꺼줬다"는 가설을 세웠다. 자기 집에 들어갈 때 그는 어두운 현관에 불을 켜고 자기 방에 불을 켠다. 만약 불이 켜져 있다면, 이와바시 씨도 자신과 마찬가지로 패닉에 빠지는 것은 아닐까. 그러니까 불을 꺼놓자. 그렇게 그가 모든 불을 끄려는 의도를 읽은 이와바시 씨가 늘 불을 꺼주는 것에 대한 감사의 말을 하고, 어두우니까 자신을 위해 일부러 끄지 않아도 된다고 전하자 어느 정도 시간이 지난 후, 전등을 켜두고 현관을 열어주게 되었다.

등불에 관한 기억은 이와바시 씨의 시각을 더욱 전환시킨다. K 씨가 인파 속에서 큰 소리를 내는 것은 그 자신이 누군가와 닿지 않아도 되기 때문이 아니라, 주위 사람들도 자신과 마찬가지로 접촉 과민이라고 생각해 그 사람들을 위해 항상 큰 소리로 외치고 있는 건지도 모른다. 아무도 주위 사람에 대한 그의 배려를 눈치채지 못하고 오히려 행동장애로 다루어져, 주위 사람들이 그를 배려해야 한다고 생각하게 되었다고 말이다.

중요한 건 이와바시 씨의 해석이 옳은지 그른지가 아니다. 이와바시 씨가 K 씨와의 사이에 있는 어긋남을 자각하면서 타협할 여지를 찾는 것이며, 어느 때 내렸던 해석을 바꾸는, 바로 그 용기다.

차분하게 이야기하기

이와바시 씨의 글을 읽으면서 어느 해 시즈오카 여행을 했던 일을 떠올린다.

2013년이 며칠 남지 않았을 무렵에 시즈오카에 사는 **야마나시 씨**의 산에 귤을 따러 나갔다. 야마나시 씨는 자신의 귤산을 '오너제'로 관리하고 있어, 나도 오너가 되었다. 야마나시 씨네 집에는 형도 몇 번 같이 갔었고, 이때도 형에게 같이 가자고 했다.

도착하고 나서, 귤산 속에 세워진 오두막의 화롯가에 둘러앉아 점심을 먹은 후 아이들과 귤을 땄다. 그리고, 야마나시 씨에게도 같이 가자고 해서 이즈의 온천이 딸린 호텔에 1박을 하게 되었다. 숙소에 짐을 두고, 선술집에서 저녁을 먹고 술을 마신 후에 숙소로 돌아와 온천을 하고 야마나시 씨와 형 방에서 다시 술을 마시게 되었다. 나는 아이를 재울 생각이었지만, 아이와 함께 아프리카 마을의 밭을 헤치는 원숭이를 포획하는 TV 프로그램에 열중한 나머지 좀처럼 합류하지 못했다.

결국 야마나시 씨와 형은 30분 넘게 둘이서 술을 마시게 되었다.

내가 방에 들어가자, 유카타에 덧옷을 걸친 야마나시 씨는 두꺼운 잠옷을 입은 형에게 진지하게 말했고, 형은 그의 이야기를 고개를 끄덕이며 듣고 있었다. 형은 평소에는 마시지 않는 맥주를 벌컥벌컥 마시고 있었다. 두 사람과 밥상을 마주하고 앉으려 하자 "거기는 말을 사용해도 전해지지 않는 것이 있어"라고 야마나시 씨가 말하는 것이 들렸다. 형은 고개를 끄덕이고 오른팔을 올려 얼굴 앞으로 가져가 '후후' 하고 입김을 불기 시작했다. 그리고 조용히 코딱지를 후벼 팠다. 이윽고, 야마나시 씨는 "료타와 둘이서 이야기하는 것은 꽤 전에 만났는데도 처음이었구나"라며 형과 말을 나누었다.

두 사람이 맥주를 마시고 조용히 이야기하는 모습은 그런 일을 거의 해본 적이 없이 하루하루가 흘러가는 나에게 사람과 사람이 이야기를 나누는 것의 대단함을 보여주고 있는 것처럼 느껴졌다.

"장애가 있고 없는 것과 관계없이 누구나 당연하게 지역에서 보낸다"라고 할 때의 '당연함'이나 '모두 달라서 모두 좋아'라고 할 때의 '차이'를 부정하는 사람은 적다고 생각합니다.

그러나 '당연함'이 '사회의 상식'을 당사자에게 적용합니다. '달라도 상관없지만, 주위의 허용 범위를 넘지 않는다'는 조건을 기초로 한 지원측의 제멋대로의 '해석'에 의한 '대응'입니다. 그 주변을 의식할 필요가 있다고 생각합니다."[23]

이 클럽을 운영하는 이와바시 씨의 말은 공동주택의 주인이나 야마나시 씨, 그리고 초등학교 3학년 때의 나와, 그때의 형과, 두 사람의 주위에 있던 세계와 타협한다.

'야생'이라는 말로 내가 파악하고 싶은 것의 일단이 여기에 있다. 이때의 일을 떠올리며, 가네코 미쓰하루金子光晴의 시를 생각한다.

한 친구와 조용히 이야기하기도 전에 생애는 끝이 난다.

그것의 아쉬움만이 안개나 메아리나,

아지랑이가 낀 것처럼 몽롱하게 방황하는 것이 되어 남고

그것에 이름을 붙여 사람은 '시'라고 부른다.

—가네코 미쓰하루, 〈단장(23편) W〉

코로나바이러스 탓에, 친하다고 생각하는 이들과 조용히 이야기하는 일을 거의 하지 못한 채 시간만 흘러가고 있었다.

그렇지만 그것은 코로나바이러스 탓이 아니라, 원래의 내가 사람과 마주하는 자세에 무언가 잘못이 있었기 때문인지도 모른다. 두려운 것은 사람 사이에 있는 어긋남이 아니다. 사람과 타협할 수 없다고 생각하는 것에 있다.

몇몇 죽음과 함께

새벽녘의 술

야마나시 씨의 귤산에 처음 간 것은 2007년 9월이었다. 그 때도 형은 느긋하게 술을 마시고 있었다.

야마나시 씨의 산장에서는 스루가만灣이 내려다 보인다. 새벽까지 계속된 술자리는 겨우 끝나, 술에 취한 야마나시 씨나 동료들은 화롯가 주위에 누워 있었다. 말소리는 잦아졌지만, 오십 대 남자들의 굵은 코골이가 여기저기서 울려 퍼지고 있었다. 이윽고 나는 눈을 떴지만, 술도 꽤 남아 있어서 뒹굴 뒹굴하고 있었다. 문득 올려다보니 전날부터 거의 자지 않은 형은 책상다리하고 조용히 앉아 있었다. 형은 화덕 쪽을 향하면서, 천천히 츄하이 캔을 열었다. 나는 무심코 "아침부터 술을 마시는구나" 하며 형에게 말을 건넸다. 거기에 덩달아 야마나시 씨도 일어나, "료타에게는 질 수 없네"라고 말하고, 본인도 캔맥주를 마시기 시작했다.

술자리는 급기야 해돋이마저 넘고 말았다. 사람들이 다시 말을 시작하자 형은 창가의 좌식 의자에 앉아 밖을 내다보며 츄하이 캔을 마셨다. 건너편에는 귤나무들이 있고, 그 너머에는 스루가만이 펼쳐져 있었다.

그해 여름, 형과 나는 외할아버지를 여의었다. 여든이 넘도록 매일 일과로 삼던 산책 도중 할아버지는 넘어져 구급차에 실려갔다. 무더운 여름날의 일이었다. 열사병 진단을 받고, 심각한 정도는 아니라는 이야기를 들었지만, 나이도 나이인 만큼 만약을 위해 입원했다. 외할머니로부터 외할아버지의 증상이 그리 심하지 않아 바로 퇴원할 수 있고, 병원식도 매일 남김없이 먹고 있다고 들었다. 그래서 나도 한동안 병문안을 가지 않았다. 그 무렵은 마침 대학에 자리를 잡았을 때로 날마다 일에 쫓기기도 했다. 드디어 대학 여름방학이 다가왔고, 성적평가 등의 일도 끝나고, 친구와 엄청나게 술을 마시고 친구 집에 굴러 들어가 잠든 다음 날 아침, 술이 덜 깬 상태로 겨우 병원을 찾았다.

간호사 대기실에 가니 외할아버지는 아래층으로 이동하셨다는 말을 들었다. 엘리베이터를 타고 아래로 내려갔다. 문이 열리자 로비에는 당황한 외할머니가 있었다. 내 얼굴을 보자 외할머니는 "외할아버지 심장이 멈춰버렸어" 하며 소리쳤다. 외할머니에 이끌려 간 병실에서는 의사나 간호사로 보이는 사람들이 외할아버지에게 심폐소생술을 하고 있었다. 침대 위에서 외할아버지의 몸은 쿵쾅쿵쾅 오르내리는 것처럼 보였다.

곧 집에 갈 수 있을 줄 알았던 외할아버지는 집에 가지 못한 채 숨을 거뒀다.

어머니에게는 남매도 없어서 외할머니와 어머니가 혼란스러워하며 장례 준비를 진행했다.

그로부터 10년 전에는 친할아버지의 장례식에서 대가족 축제와 비슷한 분위기가 있었다. 누군가는 울고, 누군가는 추억담을 말하고, 술을 마시고, 그리고 웃었다. 친할아버지 댁에 계속 있던 나는 처음으로 친척들을 가까이서 느꼈다. 지금 생각하면, 그 고리 안에 형이 있던 시간은 나에 비하면 길지 않았다. 물론 영결식 전날도 영결식 당일도 참가했지만, 그 전후나 중간중간 시간에 형이 있었다면 나에게 친족의 이미지는 또 다른 것이 되었을지도 모른다.

반면 외할아버지의 장례식은 조용했다. 혼란한 상태로 장례가 끝나고 화장을 마쳤다. 어머니도 형도 계속, 도쿄도내에 있는 외할아버지의 집에서 지내, 집과 일이 있는 사이타마에 잠시 돌아가는 일은 없었다.

복지농원에 간 내가 채소를 가지고 돌아오면 그것을 어머니는 요리하고 우리는 허겁지겁 먹었다. 거친 맛이 생명력을 주는 것처럼 내게는 느껴졌다.

외할아버지의 장례식 날들에는 느긋하게 술을 마실 시간이 없었다.

8월은 금방 지나가 어느새 9월이 되었다. 형도 어디에도 가지 못했기 때문에, 그러면 함께 어디로 갈까 생각했다. 그리고 둘이서 시즈오카의 야마나시 씨의 귤산에 가게 되었다.

토끼의 묘

기쁨의 아침도 있다
눈물의 밤도 있다

긴 인생이라면
자, 쾌활하게 가자

쾌활하게 가자 어떤 때라도

쾌활하게 가자

괴로운 일은 해결되는 거야

자, 쾌활하게 가자

— 다카이시 토모야 작사, 〈쾌활하게 가자〉

　야마나시 씨와 만난 건, 2003년 일본 자원봉사 학회가 간사이에서 연 대회 때다. 야마나시 씨는 작업복 차림으로 샌들을 신고 있었다. 대학 연구자나 NPO(비영리단체—옮긴이)나 NGO(비정부단체—옮긴이) 직원도 아니고, 건물 내부 설비를 하는 사람이라고 말했다. 왠지 잘 모르는 사람이었지만, 학회 관계자들이 참석하는 뒷풀이의 중심에 있었다. 이후에도 여러 곳에서 야마나시 씨를 만났다. 언제나 같은 모습이었다.

　태국 북부에 사는 소수민족 러프 마을에서 딱 마주치기도 했다. 야마나시 씨는 일본에 돈을 벌러 왔을 때 알게 된 현지 출신 사람의 안내로 시즈오카의 동료와 태국 국내를 돌아다니던 중이었다. 그대로 우리 '스터디 투어'를 따라 미얀마 국경 마을까지 함께 갔다. 호텔에서는 마음이 약한 대학생의 침대를 점거해, 거기서 현지인들과 심야까지 술판을 벌였다.

그것이 외할아버지가 돌아가시던 해 2월의 일이다.

형과 귤산이 있는 역에 도착하자 야마나시 씨는 어떤 여성과 둘이서 기다리고 있었다. 그녀는 야마나시 씨와 오랜 교류가 있는 국제 NGO의 스태프였다. 일시 귀국 중 야마나시 씨의 권유로 귤산에 왔다고 한다. 마트에서 저녁거리와 술을 사고 얼음을 많이 샀다. 그리고 드디어 귤산의 가파른 경사면을 올랐다. 바다가 보이고 선창이 보였다. 해발고도가 200미터를 넘는 부근에서 차를 세웠다.

귤나무가 심어진 밭을 걷다 보니 산장이 있었다. 방문 당시에는 전기가 들어오지 않았기 때문에 많은 양의 얼음은 오래된 얼음식 氷式 냉장고에[전기가 아니라 얼음을 이용하여 냉장 효과를 얻는 방식—옮긴이] 넣어두었다. 바다가 보이는 갑판에서 산 회를 안주 삼아 술을 마시기 시작했다. 형도 기쁜 듯이 바다를 보면서 츄하이를 마셨다. 그러다 야마나시 씨의 동료들이 찾아와 찌개를 끓이거나 타코야키를 굽기도 했다. 밴머스라는 사람이 기타와 앰프를 메고 와서 발전기를 기동했다. 준비가 끝나자 기타 반주로 밴머스와 야마나시 씨는 노래를 부르기 시작했고 드럼도 더해졌다.

형은 나와는 달리 리듬에 몸을 맡길 수 있는 사람이다. 자신이 좋아하는 리듬이 흘러나오면 손을 흔들고, 펄쩍 뛰며 일체화한다. 이날도 노래하고 있는 사람들 곁에 놓인 의자에 앉아 손을 흔들고 때로는 리듬에 맞춰 펄쩍펄쩍 뛰며 음악을 즐기고 있었다.

'나타샤 세븐'의 〈쾌활하게 가자〉로 시작된 포크송은 어느덧 〈내게 인생이라고 할 수 있는 것이 있다면〉까지 왔다. 야마나시 씨는 연회에 참가하는 한 사람 한 사람을 지명해, 곡에 맞추어 이야기하도록 재촉했다. 처음에 NGO의 여성이 이야기하고, 그다음 내가 지명되어 이번에 시즈오카까지 온 경위를 외할아버지의 죽음과 함께 말했다. 그렇게 한 사람 한 사람이 인생을 말했다.

야마나시 씨와 같은 세대인 여성이 이야기하기 시작했다.

그녀는 야마나시 씨와 청년단 시절부터 알고 지내는 사이였는데, 내가 명물이라서 먹고 싶다고 한 '꽃새우' 튀김을 만들기 위해서 호출되었다. "갑자기 불러내 부려먹네!"라고 너스레를 떨면서 솜씨 좋게 튀김을 만들어주었다. 그녀의 남편도 야마나시 씨의 청년단 시절부터 동료였는데, 이 연회의 전년 봄이 오기 전에 사고로 사망했다. 그녀가 말을 마치고도 음악은 계속됐다. 랜턴의 빛 속에서 화로 뒤의 불길을 보면서, 죽은 자를 생각하며, 술을 마시고 연회는 계속되었다. 술에 취한 사람들이 모두 잠들었다.

형은 끝까지 깨어 있었다.

다음 날 야마나시 씨의 동료들이 돌아간 뒤 야마나시 씨가 형과 나 두 사람을 귤산으로 안내했다. 아버지가 돌아가시고, 야마나시 씨가 그의 형님과 귤산을 반씩 물려받은 것이 1993년. 귤나무는 120그루. 제초제를 사용하지 않고 풀은 예초기로 깎는다. 깎은 풀은 귤나무 둘레에 도넛 모양으로 간다. 이웃의 밭에는 제초제가 뿌려져 있었고 풀은 깨끗이 말라 있었다. 야마나시 씨 밭의 녹음이 돋보인다.

귤나무에는 거미줄이 많이 걸려 있었다. 벌레가 많고 그것을 잡는 거미도 많이 있다. 내가 "무농약이군요"라고 무심코 내뱉자, "1년에 한 번 기계유를 뿌리지, 그렇게 쉬운 일이 아니야"라고 대답했다. 벌초는 1년에 세 번, 해충 예방을 위한 기계유 살포는 1년에 한 번. 그 밖에 거름을 주고 가지치기를 하고 과실을 솎아내고 수확, 저장, 발송과 작업은 계속된다.

귤나무 한 그루 한 그루마다 주인이 있고, 작업하러 오는 사람은 자기 나무에서 수확을 한다. 산장 입구에는 토끼 석상이 있다. 초여름 벌초 작업 중 도망치지 못하고 희생된 새끼 토끼의 공양을 위해 2001년 건립된 것이다. 토끼는 엔진 소리에 놀라 달아나지 못하고 회전하는 칼날에 머리가 잘려 버렸다.

야마나시 씨는 공양탑을 세우고 아는 스님을 불러 위령제를 열었다. 야마나시 씨는 나와 형에게 말했다. "제초제를 사용하지 않는다고 해도, 인간이 살아 있는 한 생물의 생명을 빼앗아버린다네."

변해가는 거리에서

그리고 나는 야마나시 씨가 있는 곳에 다니게 되었다.

연회 다음 해 3월에는 야마나시 씨는 한 달 전 돌아가신 은사님 같은 사람에게 조문을 하러 사이타마까지 와서 그길로 목적지에서 몇 정거장 떨어진 우리 집에 동료들과 묵었다. 형과 농원 동료들도 찾아와 함께 술집에서 술을 마셨다. 고인에 관한 이야기는 한마디로 끝났고, 나머지는 그저 술을 마시며 유쾌하게 이야기를 나누었다. 그때 야마나시 씨가 작별 인사를 하러 간 것이 사회교육학자로 청년단 운동의 지도자이기도 한 나가스기 키스케永杉喜輔가 《지로 이야기》를 쓴 시모무라 고진下村湖人의 제자였다는 것, 나가스기와 야마나시 씨는 깊은 관계였다는 것에 대해, 나는 꽤 후에 알게 되었다.

같은 해 5월 황금연휴에 야마나시 씨는 여름귤甘夏을 들고 형과 내가 활동하는 복지농원에 왔다.

그해부터 나는 매년 학생들을 데리고 야마나시 씨의 귤산을 방문하게 되었고, 내가 가지 않아도 귤산을 정기적으로 찾는 사람들이 나오고 몇 년이 흘렀다.

어느 해엔 학생들과 역에 도착하니 비가 억수같이 쏟아져 작업도 할 수 없게 되어 낮부터 한 홉들이 술을 따서 마신 적도 있었다. 일정을 조정하고 귤산에 온 학생들은 도착하자 작업을 할 마음이 굴뚝같았지만 김이 새버렸다. 하지만, "자연에는 이길 수 없다"는 것을 이 정도로 설득력 있게 전할 수 있었던 것은, 나의 경험에는 없다.

할 일이 없어 따분한 학생들에게 야마나시 씨는 요르크 밀러의 〈변해가는 도시Die Veränderung der Stadt〉 그림을 보여줬다. 유럽의 작은 거리의 23년간을 그린 이 작품은 1953년에 시작된다. 야마나시 씨가 태어난 해다. 사람들이 골목을 넘나들며 광장에서 쉬는 풍경을 담은 그림은 1959년에 지하철 공사가 시작되어 1963년 강이 메워졌고, 1976년 고속도로가 달리는 모습을 그리고 있다.

나는 귤산 방문을 거듭하다 보니 야마나시 씨가 청년단 운동에 품은 의미에 흥미를 느끼기 시작해, 이윽고 야마나시 씨가 관련된 석탄 화력 발전소의 건설 반대 운동이나, 인공섬 개발의 반대 운동을 알았다. 그리고 귤산을 오르는 도중에 항상 눈에 들어오는 선창이 계속 거기에 있었던 것은 아니라는 것, 선창이 생기기 전에는 둔치가 펼쳐져 있었다는 것, 그곳은 야마나시 씨 등 현지 아이들의 놀이터로, 매년 여름에 야마나시 씨는 '바다의 아이'로서 지내고 있었음을 알았다.

장대비 속, 산장의 데크에서 학생들에게 보여주었던 것은 유럽의 작은 거리의 변화만이 아니라 야마나시 씨가 사는 거리의 변화였음을 깨달은 것은, 꽤 시간이 지난 뒤의 일이다.

몇몇 죽음과

중국 동북, 북한 국경의 거리에서

야마나시 씨는 세계 각지로 훌쩍 여행을 떠난다. 귤산을 찾은 학생을 찾아가 코스타리카로 갔다가 내친 김에 니카라과까지 간 적도 있다. 야마나시 씨는 스페인어를 거의 못 한다. 그래도 현지 젊은이들을 알게 돼 그 집에 묵게 되었고, 산디니스타 민족해방전선에 참여하던 젊은이들의 아버지와 친해졌다고 한다.

2013년 여름, 중국 출신의 내 동료에게 안내를 받아 중국 동북부를 야마나시 씨와 여행한 적이 있다. 비행기로 심양에 가 고속철도로 하얼빈으로 갔다. 택시를 타고 교외에 있는 하얼빈 제731부대까지 갔다. 건물 안에서는 세균전, 독가스전 등을 위해 행해진 독가스 개발과 생물실험, 인체실험 기록, 그리고 인체실험으로 살해된 사람들 개개인 이름을 적어놓은 전시를 보았다. 공원 안을 거닐다 보니 지하 통로나 실험에 사용할 동물 사육실이 이어졌다. 그날은 야간 기차로 연변 조선족 자치주까지 이동했다. 우리는 침대열차 4인석에서 진열관을 본 감상이나 자신의 친족—나의 경우, 두 할아버지—이 경험한 전쟁을 밤이 깊어질 때까지 계속 이야기했다.

국경 마을에서는 일본에 유학 온 현지 출신 학생 케이 씨가 기다려주었다. 조선민주주의인민공화국(북한)과의 국경 등 여기저기를 걸었다. 그 후 일제 치하에서 일본어를 배웠다는 케이 씨의 친척 할머니를 만나러 양로원에 갔다. 할머니 방은 네 사람이 함께 기거하는 방이었다. 깔끔한 방에는 약간의 화장실 냄새가 났다. 옆방에서는 입주자들이 종이 마작을 하고 있었다.

할머니는 우리를 맞아준 뒤 자기 침대에 걸터앉았다. 동료가 할머니 앞에 앉아 듣기를 시작했다. 할머니는 일본어로 말했고, 동료도 일본어로 질문했다. 그녀는 도시 출신으로 일본인이 다니는 보통 초등학교에 다녔다. 일본어를 잘해서 일본인이 경영하는 회사에 취직했다. 다른 조선인이나 중국인과 달리 일본인과 가까운 곳에서 살았다. 처음에는 그 일에 대한 의문이나 불만이 없었다. 하지만 점점 일본인과 조선인, 중국인 사이에 배급되는 식량의 양과 질에 차이가 있다는 것을 알고 의문을 느꼈다. 그리고 일본의 패전으로 모국어인 조선어를 마음대로 구사할 수 있는 자유를 알게 되었다.

그렇게 할머니의 이야기를 듣고 있자니 같은 방의 여자들도 말문을 열었다. 나는 동료들이 인터뷰하는 공간 바깥쪽에 있었다. 내 옆의 침대에 앉은 여성이 묻지도 않았는데 내뱉는 이야기를 현지 출신의 케이 씨의 파트너가 나를 위해서 일본어로 통역해주었다. 일제강점기 한반도에서 태어난 그녀는 일본어를 할 줄 몰라 집 밖으로 나가지 못하고, 열두 살 무렵에 국경을 건넜다. 이윽고 팔로군八路軍 간호사가 되었다. 병사였던 남자와 결혼하지만, 남편은 일본군과의 전투에서 전사했다…….

내가 알아들을 수 있는 것은 그들 삶의 단편들뿐이다. 그 곁에 무수한 죽음이 있었고, 압도적인 폭력이 다양한 형태로 존재하고 있었다. 일본과 중국의 전쟁도, 만주국의 건국과 그 후의 혼란도, 국공내전이나 한국전쟁, 문화대혁명도 그들 자신이 경험한 것이었다.

국경 마을에서 할머니들을 찾았다. 이들은 친척 딸과 함께

온 손님들을 환대해주며 훈훈하게 이야기를 나눴다. 그 평온
하지 못한 이야기를 야마나시 씨와 함께 차분히 들었다. 돌아
오는 길에 우리가 보이지 않을 때까지 배웅해준 모습에는 내
가 맡아야 할 무언가를 느꼈고, 지금도 머리에 남아 있다.

　그 전해, 일본 정부가 센카쿠 제도를 국유화한 것에 항의하
는 시위가 중국 국내나 홍콩에서 일어났다. 선양에서도 큰 시
위가 있었다. 국경을 둘러싼 긴장감은 고조되고 있었다. 그 일
이 내 머릿속에 있어, 거리를 걸을 때 어딘가에서 경계 자세를
취하고 있었다. 하지만 야마나시 씨는 평소 모습으로 거리를
걷고, 밥을 먹고, 술을 마시고 있었다. 어느새 나도 차를 마시
고 술을 마시며 이야기하고 있었다.

　나는 역사에 대해서도 생각하고 있었다. 그러나 야마나시
씨의 몸놀림에서 느낀 것은 자세를 취하기 이전에 우리는 역
사 속에 살고 있다는 것이다. 가족도, 직장도, 내가 사는 지역
도 그 역사 속에 있다.

절단과 지속

　이 여행이 끝났을 때, 무라카미 하루키가 중국의 동북과 내

몽골 자치구, 몽골국을 여행한 《변경·근경 近境》의 말을 떠올렸다. 이런 내용이다.

전쟁이 끝난 후 일본인들은 전쟁을 증오하고 평화를 (더 정확히 말하면 **평화라는 것**을) 사랑하게 되었다. 우리는 일본이라는 국가를 결국 파국으로 이끈, **그 효율성이 떨어지는 일**을 전근대적인 것으로 타파하려고 노력해왔다. 자신의 내적인 것으로서 '비효율성의 책임'을 추궁하는 것이 아니라 그것을 외부에서 힘으로 밀고 들어온 것으로 취급해 외과수술이라도 하듯 단순히 물리적으로 배제했다. (…)

우리는 일본이라는 평화로운 '민주국가' 안에서 인간으로서의 기본적인 권리를 보장받고 살고 있다고 믿고 있다. 그런데 과연 그럴까? 표면을 한 꺼풀 벗기면 거기에는 역시 이전과 마찬가지로 밀폐된 국가조직 나름의 이념이 맥맥이 살아 숨 쉬고 있는 것 아닐까.[24]

당시는 도쿄전력의 후쿠시마 제1원자력발전소 사고로부터 2년밖에 지나지 않아, 나라와 그것과 이어지는 산업의 밀폐된 체질을 강하게 느끼고 있었다. 그러나 비판하는 자신이 어느새 비판하는 것과 같은 논리에 사로잡혀 있는 것은 아닌지 자문자답하는 일은 종종 있었다. 한 꺼풀 벗겨야 할 것은 핵에너지 이용 국책공동체뿐 아니라 자신들이 믿고 의지하는 것의 전부다.

시모무라 고진의 《지로 이야기》 5부는 일본이 총력전 체제에 들어가는 가운데, 청년단 운동이 도입되는 과정을 그린다. 지로의 은사인 아사쿠라 선생이 이끄는 자유주의적 이념을 가진 '우애숙友愛塾'은 군부에 의해 문을 닫을 수밖에 없다. 작품에 인상적인 등장인물은 대하무문大河無門이다. 대하는 교토대 철학과를 나온 스물일곱 살의 중학교 교사로, 청년단을 경험으로 배우기 위해 우애숙에 입학했다. 아사쿠라 선생은 전국 농촌에서 모인 다른 근로 청년들과 경력도 식견도 크게 다른 대하를 입학시키는 것을 꺼린다. 그가 다른 학생에 대해 지도적 입장이 될 수 있음을 우려했기 때문이다. 반면 대하는 다른 학원생들과 같은 지위로 참가하기로 약속해 입학을 허가받았다. 입학식에 임석한 육군 중령은 천황에 대한 충성을 설파한다. 천황에 대한 충성심이 모든 도덕을 앞서고, 모든 도덕을 이끌고 키운다. 천황의 명령에 따라 어떻게 죽을 것인가를 생각하면 스스로 어떻게 살 것인가가 결정된다. 그런 이야기에 다른 신입생들이 눈을 반짝이며 볼에 홍조를 띠고 있는 반면, 대하는 맑고 깨끗한 보살처럼 움직이지 않았다.

이윽고 2·26사건으로 군부가 힘을 늘려가는 가운데 우애숙은 폐쇄되기에 이른다. 그즈음 대하는 다음과 같이 말한다.

우애숙은 이기거나 지는 것을 생각하는 곳이 아니잖아요. 나는 그게 재미있거든요. 분하다고 느끼면 학원 정신이 엉망이 되잖아요. 역시 유쾌하게 행합시다.[25]

《지로 이야기》는 5권으로 끝나, 시모무라가 구상한 전쟁 중 혹은 전쟁 후 지로의 모습은 그려지지 않았다. 대하의 모델이 된 인물은, 자신이 농민도장農民道場을 연 마을이 만주로 분촌이민分村移民을 강요당하는 가운데, 마을 사람의 "당신과 함께라면 간다"고 말에 화답해 그 자신도 이민을 가게 된다.[26] 우애숙의 폐쇄를 접하고 유쾌하게 행할 것을 말한 대하도 이윽고 일본의 만주 진출과 총력전 체제의 하나가 되어간다.

나에게는 대하의 모습과 야마나시 씨의 모습이 어딘가 겹쳐 보인다. 야마나시 씨는 대하가 걸었던 길의 끝에서, 중국 동북을 여행한 것 같기도 하다. 청년단이 전쟁에 협력했다고 단정하기도, 시대에 뒤떨어진 유물이라고 단정하기도 쉽다. 그래서 새로운 조직을 만들 수도 있다. 단 그것만이 대답인가 라고 나는 생각한다. 지속하는 것은 과거와 마주하는 것이고 미래를 개척하는 일이기도 하다.

　야마나시 씨는 《지로 이야기》 5부를 늘 곁에 두고 읽으며 청년단 OB로 지역에서 살아왔다. 고등학교를 졸업하고 공무점工務店에 취직한 것과 동시에 청년단에 입단했다. 이후 자나 깨나 활동에 몰두해 그 현지 동료와 늘 만났다. 이십 대 중반이 되어 은퇴하게 되자, 그 동료들과의 관계가 끊어지게 된다. "나는 앞으로 어떻게 되는 거야?"라는 불안 속에서, 청년단 선배의 소개로 만난 것이, 시모무라 고닌의 제자 나가스기 기스케다. 나가스기는 시모무라의 이런 말을 야마나시 씨에게 전했다. 그가 말하길 "청년단 OB는 지역의 양심이 되어라", "이름은 팔지 마라, 부지런히 해라", "새로운 조직을 만들지 마라. 지역 안에 제대로 된 사람이 많이 있으면, 지금 그대로의 조직에서도, 좋은 사회가 만들어진다". 그때까지 야마나시 씨는, 청년단의 역할이란 젊은 사람들이 축제 준비 등 사이좋게 활동함으로써 지역에 공헌하는 것으로 생각하고 있었다. 청년단의 이름 없는 OB가 지역의 양심이 된다고 하는 시모무라의 사상은 야마나시 씨를 매료시켜, 이윽고 청년단이 만들어낸 농밀한 지역 공동체의 밖으로 이끈다.[27]

몇몇 죽음과

형의 눈물

중국을 안내해준 동료, 케이 씨 그리고 그의 친구들과 귤산에 간 것은 2013년 10월의 일이다. 아내와 형, 소꿉친구 지시마 군과 함께했다. 아내의 차가 귤산 기슭에 도착한 때는 이미밤이었다.[28] 어두워진 산을 차로 올라 오두막에 도착했다. 랜턴 불을 밝히고 화로에 불을 붙였다. 술을 마시긴 했지만 새벽까지 마시진 않고 잠이 들었다.

다음 날은 아침에 일어나 커피를 내리고 화롯가에서 빵을 구워 먹은 뒤 점심까지 다 같이 작업을 했다. 예초기로 풀을 베고 갈퀴로 풀을 모아 귤나무 둘레에 깔았다. 형은 아내와 함께 비료 주는 작업을 했다. 휴식 시간에는 아직 덜 익은 귤을 따 먹었다. 피곤한 몸에 새콤한 맛이 감돌자 기분이 좋았다.

작업이 끝난 늦은 점심, 조금 떨어진 마을에 있는 야마나시 씨의 단골 가게에서 생선을 먹게 되었다. 야마나시 씨와 동료, 아내의 차 등 세 대로 동쪽으로 향했다. 해안을 달리자 후지산이 다가왔다. 구름은 조금 끼었지만 맑게 갠 오후였다.

뒷자리에 앉아 있던 형이 울기 시작한 것은 바로 그때였다.

이제껏 유쾌하게 지냈는데도 슬픔을 온몸에 드러내며 눈물을 흘렸다. 형이 내 앞에서 우는 건 정말 오랜만이었다. 나는 당황해서 지시마 군과 함께 형을 달래면서 그 이유를 물었지만, 형은 울음을 멈추지 않았다.

이윽고 공장들이 모여 있는 마을을 빠져나와, 가게에 도착할 무렵 형은 울음을 그쳤다. 회를 먹고, 금돔조림을 먹었다. 야마나시 씨나 지시마 군을 중심으로 한 이야기의 고리가 생겨서 형도 유쾌하게 시간을 보냈다. 다 먹고, 사진을 찍고, 야마나시 씨와 동료, 젊은이들과 악수를 한 뒤에 헤어졌다.

사이타마로 돌아오는 길에 어머니의 전화로 형과 십년지기 일동무인 니시 씨가 세상을 떠난 것을 알았다.

대면과 원격

우리는 어떤 식으로 '대면'하는 걸까

2020년 봄, 코로나바이러스 때문에 대학 캠퍼스에 학생들이 오지 못하게 되면서 온라인으로 수업이 진행되었다. '온라인 수업'과의 대비로 사용하기 시작한 단어가 '대면 수업'이라는 말이다.

그 말에 나는 계속 위화감이 든다.

대면이라고 하면 시각만을 중시하는 사람이 많다. 좀 더 덧붙이자면, 시각 정보에 사로잡히기 쉽다는 얘기다.

친할아버지 임종 때 중요했던 것은 시각이 아니라 촉각과 청각이었다.

이미 상태가 위중하다는 말을 듣고 달려온 병실에서, 나는 아버지의 말을 듣고 할아버지의 발바닥을 만지고 마사지를 했다. 이런 행동이 할아버지에게 무슨 의미가 있었는진 알 수 없었지만, 나는 할아버지의 단단해진 발바닥에서 여전히 희미한 온기를 느낄 수 있었다. 나는 더 부드러운 곳을 찾아 주물렀다. 모니터 상의 수치로 심박 수가 멈추려 할 때 할머니는 할아버지의 귀에다 대고 이름을 불렀다. 우리 앞에서 할머니는 줄곧 '할아버지'나 '아버지'라고 불렀다. 이름으로 불렀을 때 할아버지의 심장 박동은 순간 상승했다. 그렇게 할아버지가 돌아가시는 순간, 한순간만 심장이 뛰었던 것에 대해 마지막에 목소리가 닿았다고 생각해 할머니는 무척 기뻐하셨다.

단지 대면하고 있다고 해서 그것이 다는 아니다.

외할아버지가 돌아가셨을 때 나는 할머니와 그 자리에 있었다. 너무 갑작스러운 일이라 아무것도 하지 못하고 한편으로 심폐소생술을 언제까지 계속할 것인지 판단해야 했다. 그 의미를 모른 채 외할머니와 나는 심폐소생술을 그만두는 결단을 내렸다. 그때, 정말 얼마 안 되는 시간이라도 좋으니, 의사들이 우리에게 심폐소생술을 허락해주었다면, 할아버지의 몸을 만지고 그 온기를 느끼고, 할아버지의 냄새와, 병실의 냄새를 가까이서 맡을 수 있었다면, 우리는 좀 더 할아버지의 죽음을 받아들일 수 있었을 것이다.

대면하는 장면을 구성하는 것은 시각으로 포착되는 정보만이 아니다. 촉각이나 청각, 후각이 길어올리는 일에 대해 대면 수업이라는 말을 쓰는 우리는 얼마나 의식하고 있을까? 애초에 코로나바이러스가 퍼지기 전부터 우리는 어떤 식으로 대면했을까. 대면했던 것일까.

물어야 할 것은 바로 그것이다.

원격 죽음

니시 씨의 죽음을 우리는 원격으로 경험했다.

야마나시 씨의 귤산에서 돌아오는 길, 나는 어머니의 전화로 니시 씨가 돌아가셨다는 사실을 알았다. 전화를 끊고 나는 형에게도, 아내에게도, 지시마 군에게도 니시 씨의 죽음에 대해 바로 이야기하지 않았다. 니시 씨가 세상을 떠난 것을 생각하며 지시마 군, 아내와 이런저런 수다를 떨었다. 사이타마에 도착해 지시마 군이 좋아하는 라면 체인점에서 파된장 라면과 만두, 반공기 밥 세트를 먹었다. 지시마 군이 화장실에 간 사이 아내와 형에게 니시 씨가 세상을 떠났다는 소식을 전했

다. 지시마 군과 니시 씨가 깊은 관계라는 것을 그때 나는 몰랐다.[29]

형과 지시마 군을 각자의 집까지 차로 데려다주고 아내와 형의 눈물에 관해 이야기했다. 니시 씨의 죽음에 즈음해 거리를 두고 있으면서도 형은 무언가를 느끼고 울었다고 우리는 생각했다. 니시 씨의 죽음과 형의 눈물 사이에 인과관계가 있는지는 알 수 없다. 어쩌면 직접적 원인은 따로 있었을지도 모른다. 다만 우리는 형의 울음소리를 듣고 그 눈물을 보았기 때문에, 그 시간, 멀리 떨어진 장소에서 니시 씨가 죽은 것이 리얼하게 다가왔다. 세상을 떠난 니시 씨는 마지막으로 형을 언급했을 수도, 그러지 않았을 수도 있다. 그러나 확실히 형의 눈물을 통해 니시 씨는 우리에게 닿았다고 느꼈다.

니시 씨는 형이 계속 불합격한 고등학교의 학생이었다. 그 학교 정시제에는 형을 입학시키려고 동분서주하던 선생님이 있었다. 형은 그 학교에 자주 통학하며, 그 선생님이 고문을 맡은 방송부 활동에 참여했다.

니시 씨는 방송부 부원이었다. 나와 니시 씨가 처음 만난 곳은 도쿄 어느 공원에 있는 야구장이었던 것 같다. 초등학교 6학년이었던 나는 어머니와 형 그리고 여동생과 함께 고교 야구 시합을 처음으로 관전했다. 정시제의 연식 야구의 전국대회에서 니시 씨와 형이 다니던 고등학교는 나라의 고등학교와 대전하고 있었다. 전일제 응원단이 응원을 보냈고 방송부는 카메라를 돌리고 있었다. 이 시합은 나라의 고등학교가 완봉승했다.

형은 니시 씨가 다니는 고등학교의 문을 계속 두드렸지만 4년 동안 계속 떨어졌다. 내가 그 고등학교 전일제에 입학할 때, 형은 다른 고등학교에 입학하게 되었다. 니시 씨는 이미 고등학교를 졸업하고 취직한 상태였다. 형이 우쿨렐레 만들기를 시작할 무렵, 니시 씨는 우쿨렐레 만들기의 동료로 참가하고 있었다. 그리고 나는 대학생이 되어, 오사카에서 귀성하면 형들이 일하는 작업소의 활동에 얼굴을 내밀게 되었다.

니시 씨는 우쿨렐레 만들기를 할 때 라우터나 줄질을 잘했다. 그는 소망이나 망상을 사실로 말하는 사람으로, 듣는 사람은 그의 말을 그대로 받아들여 여러 혼란을 불러일으켰다. 꼼꼼하고 책임감이 강한 사람이라 누구에게도 그런 말을 듣지 않았지만, 항상 부리더를 자청하고 있었다. 수다로 모두를 끌고 가려는 니시 씨와 기본적으로 말을 많이 하지 않고 때로는 큰 소리를 내는 형은 오랫동안 일동무였다. 우쿨렐레 만들기가, 그것을 담당하고 있던 스태프의 죽음으로 할 수 없게 된 뒤에도, 종이뜨기라든지, 미누마 논 복지농원의 농사로 일 내용을 바꾸면서 함께 일하고 있었다. 일단 니시 씨 자신이 활동에서 거리를 두는 일이 있어도, 다시 돌아와주었다.

명함의 감촉

내가 대학교 3학년 때 사이타마에서 장애인운동을 하던 친구들이 전국의 장애인단체와 교류하는 일을 했다. 그 방문지의 하나로 오사카가 선택되어, 그 구성원으로서 니시 씨와 나도 참가했다. 당시 나는 오사카의 대학에 다니고 있어서 이 땅에 관한 지식이 있었다.

첫날 밤, 현지인들과의 이야기가 고조되어 홈스테이를 하게 될 오사카 남부 장애인운동단체의 거점에 도착한 것은 예정 시간을 훌쩍 넘겨버린 뒤였다. 나는 그 단체의 리더이자, 〈푸른 잔디 모임〉 때부터의 장애인운동 투사이기도 했던 사람에게 호되게 꾸중을 들었다. 다들 굽실굽실 고개를 숙이는 가운데 니시 씨가 단호히 "그런 말을 해도 이쪽도 일정이 있었으니까!" 하며 거꾸로 화를 냈다. 사실은 술에 취해 시간을 잊었을 뿐, 당당하게 말할 수 있는 일정이라고는 아무것도 없었다. 하지만 니시 씨의 서슬에 투사는 한순간 기죽어, 그대로 조금씩 분위기가 누그러져 최종적으로는 다시 술판이 벌어졌다.

그 여행 중에 만난 사람들에게 니시 씨는 종이뜨기 작업으로 만든 명함을 건넸다. 우유갑을 재활용한 일본 종이에 자신의 이름이 적혀 있었다.

그에게 받은 명함은 촉촉한 비단 같은 촉감이었다. 그것을 나는 태어나서 처음으로 산 '100엔 숍' 명함 지갑에 넣어버렸다. 당시 나는 한 장 한 장 명함을 받으며 내 세계가 넓어지는 것을 느끼고 있었다. 손으로 뜬 부드러운 명함은 가장자리가 뒤틀리면서 내 명함 지갑 안에서 생생한 존재감을 띠었다.

이윽고 니시 씨는 저글링을 익혀 미누마 복지농원에서 이벤트가 있으면, 자기소개와 인사 후에 저글링을 선보이게 되었다.

결코 잘하지는 못했다. 아니, 솔직히 말하자면 너무 못했다. 니시 씨는 자신만만하게 마이크를 잡고 "지금부터 저글링을 하겠습니다"라고 말했다. 돌리기 시작한 순간부터, 공 세 개가 여기저기로 날아갔다. 그래도 그는 공을 줍고, 또 공을 돌리고, 또 공은 여기저기로 날아갔다. 그것을 대충 반복한 후 자신만만하게 "이것으로 끝입니다"라고 말했다. 도수 높은 안경 속 눈동자를 반짝이며 그가 자신만만하게 말하는 모습과 이리저리 날아다니는 공의 대비가 매번 폭소를 자아냈다. 자신의 저글링이 잘 되고 있다고 생각하는지, 아니면 잘 되고 있지 않기 때문에 모두에게 인기가 있다고 생각하는지, 그 사실을 확인한 적은 없다.

어느덧 니시 씨의 진지한 저글링은 복지농원 행사의 단골 행사가 됐다.

니시 씨의 장례식에는 그와 인연이 있던 다양한 사람들이 참석했다. 그리운 얼굴도 보게 되어 다양한 대화를 나눴다. 제단에는 니시 씨의 일기가 장식되어 있었는데, 거기에는 그해 여름 우리 대학 학생들과 함께 농사를 지은 일도 확실히 적혀 있었다. 장례식장에는 그가 좋아했던 자이언츠 구단 노래가 반복적으로 흘러나오고 있었다.

나는 니시 씨가 준 명함을 찾았다. 네 차례 이사로 이곳저곳으로 이동하는 바람에 명함 지갑은 방 어디를 봐도 나오지 않았다.

나는 니시 씨와 인연이 있는 사람들과 힘을 모아 추모문을 만들기 시작했다. 인연이 있는 다양한 사람들이 글을 보내주었다. 그것을 꼬박 하루 걸려서 편집했다. 니시 씨와 계속 일해온 나의 어머니가 인쇄해, 추모회에서 나누어주었다. 추모회에는 사이타마현에 사는 사람뿐만이 아니라 여러 곳에서 사람들이 모여 추억 이야기를 서로 나누었다.

어디론가 가버린 명함과 그 감촉에 대한 기억은 나를 뛰게 했다. 나는 니시 씨의 일을 다양한 형태로 이야기해, 지금도 계속 쓰고 있다.

신경다양성을 내부에서 보기

문학 연구자로서, 시인이자 자폐증 아들을 둔 랄프 제임스 사바레즈Ralph James Savarese는 자폐인들과 소설을 읽고 그 경험을 《냄새를 맡는 문학, 움직이는 말, 느끼는 독서》라는 책으로 펴냈다.[30] 그가 이 책에서 제시하는 것은 신경다양성(뉴로다이버시티)이라는 개념이다.

지금까지의 자폐인에 대한 이해는 발달심리학자 사이먼 배런코언Simon Baron-Cohen의 '마인드 블라인드니스 이론'으로 대표되듯 '다른 사람 마음속에 존재하는 것에 대한 깨달음'을 발달시키지 못한다는 견해나 다른 사람에 대한 공감 능력이 부족하다는 식의 견해가 일반적이다. 이 견해를 감안하면 자폐인은 논설문을 이해할 수 있다고 해도 등장인물에게 공감

한다든지 그 내면에 대한 상상력이 있어야 이해할 수 있는 소설을 읽어내는 것은 무리가 따른다는 이야기가 된다.

자폐인에 대한 이런 일반적인 이해에 비해 제임스 사바레즈는 뇌과학의 최신 논의를 참조하면서 오히려 자폐인은 타인에 대한, 공감력이 과도하다는(공감의 대상은 인간에게만 국한되지 않는다. 예를 들면 자폐인 중에는 생물이 아닌 것을 의인화하는 것을 잘하는 사람도 있다) 사바레즈는, 자폐인은 무언가를 생각할 때 비정상적일 정도로 후두부의 감각야感覚野에 의지하고 있고, 반대로 뉴로티피컬(신경학적인 정상定常 발달자)은 비정상일 정도로 전두엽에 의지하고 있다고 하는 연구 성과나, 자폐인은 정서적 공감이 과다하고, 그 때문에 공감의 과각성過覚醒에 빠지기 쉬우며 그 영향으로 인지적·운동적 공감이 곤란해져, 결과적으로 실제보다 공감적이지 않게 보인다는 연구 성과를 소개한다.

사바레즈는 아들을 포함한 자폐인 여섯 명과 소설을 읽고 이야기를 나누었다. 실제로 얼굴을 맞대고 대화하기 어렵거나 사는 곳이 멀 때엔 온라인 회의 시스템을 이용한 영상통화라든지 채팅을 사용하기도 했고, 작품과 관련된 기념관을 함께 여행하기도 했다. 그렇게 해서 사바레즈는 예를 들면 그들의 세부에 대한 고집이, 일상생활의 장면에서 카테고리적인 이해를 곤란하게 하는 한편(멜빌의《백경》을 읽은 후 실물의 목조 포경선을 눈앞에서 보았을 때, 어떤 사람은 마스트나 돛대 같은 배의 주요한 요소라고 볼 수 있는 것뿐만이 아니라 선판의 나뭇결도 의식했다) 소설 독해에서는 사물에 대한 통속적인 이해를 넘어 소설가가 구사하는 아날로지analogy에 감각적으로 공감하는 모습을 그려낸다.

사바레즈의 책을 읽으면서, 자폐증 진단을 받은 형이 그때 흘린 눈물의 연유가 무엇이었을지를 상상한다. 나는 니시 씨의 죽음이 동시간대에 있었던 것에 주목했지만, 어쩌면 야마나시 씨와 헤어진 것이 이유였을지도 모르고, 점점 바다가 보이지 않게 되는 일이나, 후지산의 모습을 보았기 때문인지도 모른다. 이런저런 일들이 일어나는 세상 속에서 눈물은 저절로 흐른다. 눈물을 흘린 것도 하나의 사건으로 이해된다.

그것은 또한 나의 눈물과 분노가 단 하나의 자극 때문에 일어나는 것이 아니라, 이 세계 속에서 여러 사건과 함께 있는 과정에서 일어나는 사실과 통한다. 하지만 우리는 그것을 잊고, 카테고리에 밀어넣어 이해한다. 사바레즈가 말하는 신경 다양성은 자폐인에 대한 이해를 심화시킬 뿐만 아니라, 우리 자신의 이해를 심화시켜 준다고 나는 생각한다.

예를 들어 '수업'을 생각할 때, 대부분의 경우 지식의 전달이나 습득에만 초점을 두고, 이를 위한 최적의 방법을 생각한다. 물론 그 시선은 타당하다. 타당하긴 하지만, '수업'이라는 시간 속에서 우리가 무엇을 하고 있었는지, 거기에 무엇이 존재하고 있었는지, 그 일은 간과되고 만다.

덧붙이자면 온라인으로 실시되는 것 중에도 지금까지의 '지식의 전달이나 습득'을 넘는 새로운 배움의 형태는 존재하고 있었다. 나의 수업을 듣고 있는 학생이, 항상 동아리 활동의 연습 전후의 이동 도중에, 스마트폰으로 수업을 수강하고 있다고 이야기하고 있었다. 그렇게 차 안에서 일어나고 있는 일과 차창 바깥으로 열려 있는 세계 속에서, 예를 들면 철학이나 스페인어 수업을 듣고 있는 것을 떠올려 거기에 유의한 결합이 생긴다면, 그 앞에 어떤 세계가 열릴까.

형이 눈물을 흘렸고, 니시 씨가 세상을 떠났다. 우리는 라면을 먹고, 두 개의 일이 연결된 것처럼 느꼈다. 그렇게 이해하면서 없어져 버린 것을 간신히 우리의 세계에 연결하려 했다. 그것은 어디까지나 임시방편의 것으로, 반드시 어딘가에서 우리의 손을 빠져나가고 만다.

여름귤의 싯소

여름귤과 여행하기

2021년 5월 초순, 야마나시 씨는 여름귤과 함께 미누마 논복지농원에 왔다. 신록이 눈부실 때다. 경차 밴 짐칸에는 여름귤이 담긴 30킬로그램짜리 쌀 포대가 수십 개 쌓여 있었다.

농원에 가기 전날 야마나시 씨와 귤산 동료인 히로시 씨가 우리 집에 머물렀다. 시즈오카에서 우리 집으로 가는 길, 이미 두 집에 여름귤을 배달했다. 그러곤 집마다 점심과 차, 과자를 대접받았다.

우리 집에서는 형도 합류해 함께 저녁을 먹었다. 형이 우리 집에 온 것은 2021년 3월 이후 처음 있는 일이었다. 형은 유쾌하게 시간을 보냈고, 밤이 깊어지자 야마나시 씨, 히로시 씨와 함께 베개를 나란히 하고 잤다.

이날 형은 어디론가 가버릴 일도 없었다.

다음 날 농원에 온 사람들에게 여름귤을 나눠줬다. 야마나시 씨와 재회하는 사람도, 처음 만나는 사람도 있었다. 야마나시 씨는 언제나 토요일에 농원에 오는 아이자와 씨, 아니면 형을 데리러온 우리 어머니와 수다를 떨었고, 히로시 씨는 아이들과 함께 산초 열매를 따 왔다. 아이자와 씨에게 귤산에 놀러 오라고 권유했고, 야마나시 씨와 히로시 씨는 농원을 떠나 다음 목적지로 향했다.

야마나시 씨의 차에 나도 동승했다. 나들목까지 유도해 그대로 도호쿠도로를 타고 북상했다. 도중에 나도 운전대를 잡았다. 그날 최종 목적지는 후쿠시마의 이나와시로였다. 거기에 있는 '시작의 미술관' 직원인 탓짱은 일찍이 복지농원에서 자원봉사를 한 적이 있었다. 그도 야마나시 씨와 알고 지냈고, 시즈오카나 사이타마, 태국 북부 등지에서 야마나시 씨와 교류하고 있었다.

미술관에 여름귤을 전달하고 전시된 작품을 감상했다. 미술관에서는 기획전 '서로 의지하기, 서로 의지하다'가 열리고 있어 전맹 사진가인 시라토리 씨가 미술관에 체재하고 있었다. 야마나시 씨는 시라토리 씨에게도 여름귤을 건네며, 오랫동안 이야기를 나눴다. 야마나시 씨는 시라토리 씨에게도, 탓짱에게도 귤산에 오라고 권유했다.

야마나시 씨는 그렇게 여름귤을 통한 잠깐의(우연의) 만남으로부터 인연을 이어간다.

다음 날 야마나시 씨와 히로시 씨가 야마가타로 향했다. 조금 이른 점심시간, 야마나시 씨와 히로시 씨는 가위바위보를 하고 운전기사를 정했다. 이긴 히로시 씨는 맥주를 마셨다. 나는 이나와시로의 길 역에서 야마나시 씨와 헤어졌다.

이후 야마나시 씨와 히로시 씨는 여름귤을 싣고 아오모리까지 달려 페리를 타고 홋카이도로 건너갔다. 각지의 툇마루에 여름귤을 나눠주면서, 최종적으로는 아바시리에 도달했다. 그리고 도마와 마코마키 마이에서 페리를 타고 오아라이까지 건너가 시즈오카로 돌아갔다.

시즈오카를 떠나 시즈오카로 돌아올 때까지 일주일간 이어진 여름귤 배달 투어였다. 경승합차의 주행거리는 2300킬로를 넘어섰다.

2020년 봄, 긴급사태 선언의 풍경[31]

1년 전의 일이었다.

2020년 3월 13일 포고된 신종 코로나바이러스 특별조치법에 따른 조치로 같은 해 4월 7일 당시 아베 총리는 도쿄·가나가와·사이타마·지바·오사카·효고·후쿠오카의 7도부현에 긴급사태를 선포하고 4월 16일에는 대상 지역을 전국으로 확대했다.

이날 신종 코로나바이러스 감염증 대책본부 논의를 바탕으로 아베 총리는 다음과 같이 발언했다.

> 앞으로 황금연휴를 앞두고 모든 광역자치단체에서 필요치 않고 급하지 않은 귀성이나 여행 등 광역자치단체 사이를 사람이 이동하는 것을 전염 방지의 관점에서 절대적으로 피하도록 주민 분들이 독려해주시길 부탁드립니다. 또, 역내의 관광 시설 등에 사람이 집중할 우려가 있을 때는, 시설에 대해 입장객의 제한을 요구하는 등 적절한 대응을 취하도록 부탁드립니다. 다시 말씀드리지만, 이 긴급사태를 5월 6일까지 남은 기간에 끝내기 위해서는 최소 70퍼센트, 최대한 80퍼센트의 접촉을 줄이는 일을 어떻게

든 실현해야 합니다. 국민 여러분께 불편을 끼치고 있습니다만, 추가 감염 확산을 방지하기 위해 지속적인 협조를 부탁드립니다.[32]

긴급사태 선언이 확대됨에 따라 각 도도부현 지사가 주민에 대해 외출 자제를 요청할 수 있게 됐다. 4월 16일에는 각지의 지사는 대책 회의를 열어 통원이나 쇼핑, 통근 등을 제외한 외출의 자숙이나, 도도부현의 경계를 넘나드는 이동의 자숙을 호소했다.[33] 황금연휴(4월 29일~5월 6일)가 다가오는 가운데 전국의 고속도로 주식회사는 국토교통성으로부터 신종 코로나바이러스 감염 확대 방지를 위한 광역자치단체 이동 자제를 위한 노력에 대한 의뢰를 받아 황금연휴 기간 중 휴일 할인 적용 제외, 휴게소·주차장의 영업 자제 등을 실시하는 동시에 TV나 라디오, 공식 WEB 사이트를 통해 '불요불급한 광역자치단체 이동 자제'를 당부했다.[34]

고속도로 교통량은 대폭 감소했다. 5월 21일 중일본고속도로가 발표한 5월 1~17일 관내 고속도로의 교통량(속보치)은 전년 동기 대비 57퍼센트 감소하여 2005년 도로공단 민영화 이래 최대의 하락 폭이었다. 장거리 이동 자제를 요청한 영향이 뚜렷하게 나타났다. 평일은 33퍼센트, 휴일은 73퍼센트 감소했다. 또 많은 지방 자치체에서 긴급사태 선언이 해제된 14일까지는 58퍼센트, 해제 후인 15~17일도 56퍼센트 감소했다.[35]

긴급사태 선언은 예정된 5월 6일에는 해제되지 않고, 계속 연장되었다.

5월 14일 정부는 홋카이도·도쿄·사이타마·지바·가나가와·오사카·교토·효고 이외의 지역에서 긴급사태 선언을 해제했다. 5월 21일에는 교토·오사카·효고, 5월 25일에 겨우 남은 도쿄·가나가와·사이타마·지바·홋카이도가 해제되었다.

교환과 증여

야마나시 씨는 매년 5월 자신의 산에서 채취한 여름귤을 친구나 지인에게 배달하고 그 집에 머물면서 교류해왔다.

여름귤은 그의 아버지가 심고 보살핀 것으로, 1993년 아버지가 돌아가신 후 야마나시 씨가 보살펴왔다. 직업을 가졌던 시기는 황금연휴에, 육십 대가 되어 은퇴하고 나서는 차가 붐비기 때문에 황금연휴 지나서 배달했다.

여름귤은 판매하는 것이 아니다. 이런저런 인연으로 야마나시 씨가 만난 사람을 귤산의 '출장소장'이라고 정해, 그 사람에게 여름귤을 배달(증여), 그 대신에 하룻밤 잠자리와 한 끼 신세를 지고 밤늦게까지 술을 마신다. 내가 활동하는 복지 농원에는 2008년에 와서 그때는 함께 캠핑을 하고 여름귤로 짜낸 주스로 증류주를 희석해서 밤늦게까지 술을 마셨다. 농원에서 그와 교류한 사람이 겨울 온슈귤溫州蜜柑(학명은 Citrus unshiu) 수확을 위해 그의 귤산을 찾아가는 일도 있었다.

아버지로부터 귤산을 상속받은 뒤 야마나시 씨는 온슈귤도 여름귤도 시장에 내놓지 않았다. 귤산의 절반을 물려받은 야마나시 씨의 형님은 아버지와 똑같이 수확한 귤을 농협을 통해 시장에 출하했다.

한편 야마나시 씨는 온슈귤을 트러스트(기업합동)로 유지해왔다. 한 그루 한 그루에 주인을 모집해서 12월, 1월 수확 작업은 주인이 한다. 야마나시 씨가 제초나, 가지치기, 비료주기, 과실을 솎아내는 등 평소에 귤을 돌본다. 야마나시 씨의 청년단 시대의 활동이나, 청년단 OB로서 관계된 동인지의 활동 등을 통해서 만난, 전국 각지의 사람들이 오너가 되었다. 아버지로부터 상속받은 시점에서 연간 5톤 남짓 수확한 온슈귤은 시장을 거치지 않고 유통하게 되었다.[36]

여름귤은 현지 동료의 도움을 받아 수확한다. 온슈귤이 야마나시 씨가 사는 산장 주위에 자라는 반면, 여름귤은 떨어진 곳에 있다. 차도까지의 작업로는 급경사에 있어서 수확한 여름귤을 올리는 일은 중노동이다. 높은 곳에 있는 여름귤은 나무에 올라가 수확한다. 수확량은 대체로 1톤이다.

흙에 파묻어 장기 보존하는 온슈귤과 비교하여 여름귤은 보존이 되지 않는다. 그것을, 야마나시 씨는, 쌀자루에 넣어, 전국의 출장소장에게 나눠준다. 어느 해는 서일본으로 가고, 어느 해는 북일본으로 향한다. 그렇게 해서, 여름귤을 통해서 지금까지의 연결을 구축해왔다.

2020년 봄, 전국에 긴급사태 선언이 내려진 가운데 야마나시 씨는 여름귤 배달을 했다. 현 경계를 넘어, 호쿠리쿠나 수도권에 사는, 아는 사람에게 귤을 운반하고 방문처에서 하룻밤 신세를 지면서 교류했다. 코로나바이러스를 걱정하는 사람에게는 여름귤만 주고 떠났다. 동행한 동료는, 차번호가 그 지역의 것이 아닌 것을 사람들이 알아챌 수 있다고 흠칫 놀란 적도 있었다고 하지만, 야마나시 씨는 신경 쓰지 않았다고 한다.

고속도로에는 차량 통행이 거의 없어 정체는 일어나지 않았고 이동은 원활했다.

이렇게 해서 여름귤은 그해에도 각지의 출장소장에게 전달되었다.

경계의 착란

코로나바이러스에 직면한 사회는 여러 곳에 단절을 만들었다. 사회적 거리두기가 중요하다고 해서, 우리는 다른 사람과의 사이에 거리를 두었다. 바이러스가 몸 안으로 파고들지 않도록, 몸 안에 있는 바이러스를 퍼뜨리지 않도록 마스크를 썼다. 국경이나, (나라에 따라서는) 도시와 도시와의 경계는 폐쇄되었다. 일본 정부가 2020년 4월에 내놓은 긴급사태 선언은 도도부현의 경계에 단절을 만들었다.

거기서 생긴 단절은 실은 새로운 것만이 아니다. 새로 만든 단절인 것 같으면서도 원래 있던 단절을 따라 하는 것이기도 하다. 예를 들면 '경제나 사회를 돌리기 위해서 도움이 되는 것' 대 '보잘것없는 것'. '필수적인 일' 대 '그 이외의 일'. '장애가 있는 사람' 대 '장애가 없는 사람'. '일본인' 대 '외국인'……. 평소 많은 사람에게는 파선破線(같은 간격으로 띄워놓은 선)이라고 밖에 느끼지 못했던 것이, 이때는 누구나 알 수 있는 실선이 된다. 하지만 그것을 신경 쓰는 사람은 많지 않다.

야마나시 씨는 귤을 팔아 시장에 내놓는 농가가 아니다. 트러스트로 귤산을 유지하고 있다는 점을 상기하자.

긴급사태 선언 아래에서도 유통업 관계자들은 쉬지 않고 도도부현 경계를 넘나들며 각지의 농산물을 계속 운반하고 있었다.

시장에 출하하지 않는 야마나시 씨가 여름귤을 출장소장에게 배달하는 것은 그것과 무엇이 다른 것일까. 그가 배달하지 않으면 장기 저장이 안 되는 여름귤은 그의 산에서 썩는다. 그렇다면 여름귤이 야마나시 씨에게 운반되고 있는 것처럼 보이기도 한다. 긴급사태 선언에서의 이 배달에 눈살을 찌푸리게 하는 것은 시장 유통이 아니라 증여를 위해 귤을 생산하는 행위를 하찮은 것으로 여기는 행위다. 실제로 판매를 하지 않는 야마나시 씨의 귤 생산량은 시장경제 지표들로는 파악되지 않는다.

여기서 실은 시장 유통/증여라는 단락이 미리 그어져 있다. 신종 코로나바이러스는 그것을 빗대듯, 기능하고 있는 것에 지나지 않는다. 여름귤을 나르면서 그의 몸은 여름귤을 생산해 비상사태 선포하에 **일부러** 나른 것으로 받아들여진다.

신종 코로나바이러스가 만연한 세계에서 여름귤과 함께 야마나시 씨는 질주한다. 예전에 만났던 사람들과 느슨한 연결을 더듬으면서. 감염 확대라고 하는 긴급사태에 대응하기 위해서 정부나 전문가가 생각한 규제가 그 규제와 얽히면서 생겨나는 우리의 사고가 어딘가에서 원래 있던 단락—차별 혹

은 배제라 해도 좋을지도 모른다—을 빗대고 있는 것을 드러

내, 그 단락을 뒤흔든다.

증여의 교훈

달갑지 않은 친절을 만들어내기

  야마나시 씨로부터 배달되는 여름귤은 30킬로용 쌀 한 봉
지분이다. 무게가 십수 킬로가 넘는다. 한 집에서 소비할 수
있는 양을 훨씬 능가한다. 빨리 먹지 않으면 썩어버린다. 그래
서 여름귤을 받은 사람은 그걸 또 누구한테 나눠준다. 나는 가
족이나 복지농원 동료에게 나눠주고, 직장 사람들에게도 나
눠주었다. 똑같이 한 봉지 배달해준 친구는 아이의 유치원 친
구들에게 나눠주고 생협 배달원들에게도 나눠줬다고 한다.

  증여는 증여를 낳고, 무언가를 남에게 말하게 한다. 그런 교
환을 통해 사람과 사람 사이의 연결이 깊어지기도, 지금까지

없었던 관계성이 생기기도 한다. 예를 들어 생일에도 선물을 주고받지 않은 친족에게 여름귤을 선물한다. 직장에서는 언제나 선물을 받고만 있는 내가 이번만큼은 선물하는 사람이 된다. 마트 등에서 산 귤과 달리 껍질에 군데군데 흠집이 나 결코 깨끗하지 않은 여름귤에 대한 내력 설명도 필요하다. 야마나시 씨와 연결되지 않은 사람에게, 이번 여름귤은 무엇인가를 설명하기 위해, 야마나시 씨의 일이나 귤산의 일을 이야기한다. 이렇게 많은 여름귤은 받은 사람들이 원래 가지고 있던 연결고리를 빗대어 새로운 연결고리를 만들어간다.

사람과 여름귤은 서로 녹아든다. 여름귤은 그것을 키운 야마나시 씨나 동료들, 귤산과 거기에 사는 생물들, 그것을 운반하는 경차밴이나 거기서 만난 사람들과 끊임없이 연결되어간다. 코로나바이러스의 감염에 대한 예방책이 진행되어 사람과 사람 사이의 거리가 멀어진 세계 속에서도, 사람과 사람 사이에 여름귤이 전파해, 코로나바이러스가 만든 세계와는 다른 종류의 세계를 만들어간다.

2021년 5월 여름귤을 나르고 방문한 이나와시로의 밤, 이 '달갑지 않은 친절'이 중요하다고 말하자 야마나시 씨가 동의하며 "하하하하하" 웃었다.

여름귤의 전체적 급부의 체계

아마나시 씨와 여름귤은 문화인류학의 고전인 마르셀 모스의 증여론을 떠올리게 한다.

우리는 우리가 필요로 하는 것보다 더 많은 것을 얻거나 더는 필요로 하지 않는 것에 대해 당혹스러워한다. 그걸 일단은 시장을 통해서 팔려고 생각한다. 지금은 메르카리〔중고 전문 거래 플랫폼—옮긴이〕·아마존·북오프〔중고 책을 사고 파는 대형 서점—옮긴이〕가 있어서, 남은 것, 사용하지 않게 된 것을 매우 잘 팔게 됐다. 우리는 더는 필요하지 않은 것을 처분하고 대가를 받는다. 다만 그 교환으로 대가 이외를 얻는 것은 기대하고 있지 않다. 오히려 대가 이외의 것이 포함되지 않도록 여러 가지 처리를 한다. 원래 그것을 가지고 있던 사람의 흔적은 지워진다. 책에 써놓은 글은 그것을 쓴 사람에게 어떤 의미를 지니었더라도, 가치(=가격)를 낮추는 요소에 지나지 않게 된다.

그것을 버리려고도 생각한다. 단사리 斷捨離 붐〔물건 정리 전문가인 야마시타 히데코의 저서 《단사리》가 2009년 대히트한 것을 계기로 일어났다. 야마시타는 요가의 행법 철학에 착안해, 자신과 사물과의 관계로부터 일어나 인간관계까지에도 '단사리'를 실천하는 길을 정리했다. 단사리는 불필요한 것을 줄이고 일상생활이나 삶에 조화를 가져오려는 생활

술이나 처세술이다. 단사리 붐의 배경에는 일본인의 '버리고 싶은데 버릴 수 없다'는 지나친 아까운 정신이 관련되어 있다고 한다—옮긴이)이나 정리 붐이 일어나고 있는 것도, 그 자체와 자신이 가지고 있던 연결을 끊는 것이며(곤도 마리에近藤麻理恵가 고안한 '곤마리®메소드'는 설레지 않게 되었는지 어떤지가 판단 기준이다. 그것은 단적으로 그 자체와의 연결을 느끼지 않게 되었다고도 바꾸어 말할 수 있을 것이다), 자신의 흔적이 있을 때마다 그 자체를 버리는 것이다.

모스는 시장을 통한 교환/매매 외에도 물건을 주고받는 방법이 있음을 말한다. 모스는 다음과 같이 썼다.

> 인류 중에는 비교적 풍요롭고, 근면하며, 많은 잉여물을 만들어내면서 우리에게 익숙한 것과는 다른 형태로, 또 다른 이유로 대량의 물품을 교환하는 방법을 알고 있었고, 지금도 알고 있는 사람들이 있다.[37]

그러한 사람들에게 재화나 부나 생산물이, 개인과 개인이 나누는 거래 속에서 그냥 단순하게 교환되는 일은 없다. 물건을 주고받고, 의무를 지고, 계약을 맺는 것은 개인이 아니라 집단이다. 집단이 교환하는 것은 재물이나 부만이 아니다. 동산이나 부동산, 경제적인 유용성이 있는 것만은 아니다. 교환되는 것은 예의범절에 맞는 행동이요, 향연이요, 의례요, 여성이요, 어린이요, 춤이요, 축제요, 제사다. 증여에 포함되는 모든 것을 모스는 '전체적 급부의 체계'라고 부른다.[38]

야마나시 씨의 여름귤 배달 투어도 단순히 여름귤만이 배달되는 것은 아니다. 그곳에는 음식 대접이 있고 연회가 있으며 옛날이야기와 세상 이야기가 있다. 야마나시 씨와 여름귤의 내방에 맞추어, 근처에 있는 사람들이 모여든다. 받은 많은 여름귤은 자신과 연결된 사람들에게 다시 건네진다. 야마나시 씨나 여름귤을 만난 사람이 이번에는 귤산을 찾아가기도 한다. 여름귤 나무를 관리하는 사람이 있고, 여름귤을 수확하는 사람이 있다. 여름귤을 많은 사람이 먹음으로써 여름귤을 통해, 여름귤을 키우는 노동도, 여름귤이 자라는 산도 이어진다.

그런 전체적 급부의 체계가 있다.

증여의 독

증여는 번거로운 일이다. 번잡스러운 일이다.
달갑지 않은 친절은 폐를 끼치는 일이기도 하다.

코로나 상황에서 여름귤이 배달되어 오는 것에 당황하는 사람도 있었을 것이다. 야마나시 씨의 하룻밤의 잠자리와 한끼는 꼭 출장소장 집에 신세를 지는 형태가 아니라 호텔 등 숙박 시설을 이용하기도 한다. 애당초 묵을 수 있는 집만 있는 것은 아니다. 많은 여름귤을 받아서 어쩔 줄 몰라 하는 사람도 있을 것이다. 그에 비하면 메르카리도 곤마리도 훨씬 스마트해 보인다.

모스 자신도 증여에는 위험한 힘이 있다는 점에 주목하고 있다. 예를 들어 게르만어계 언어에서는 gift라는 말에 '선물'과 '독', 두 가지 의미가 있다.[39] 대접을 받았을 때 나온 술이나 식사에, 독이 담겨 있을 위험이 있다. 그 정도는 아니라고 하더라도 손을 씻지 않고 요리를 만든다든가, 기분 좋게 마시게 해서 만취하게 한다든가 어떤 악의가 담겨 있을 수도 있다. 누군가가 직접 만든 음식에 불안감을 느끼는 사람도 있을 것이다.

증여는 설렘과 불안 사이에서 요동친다. 잘 되면 기쁨과 신뢰로 이어지지만, 슬픔과 불신, 멸시로도 이어진다. 때로는 보내는 사람과 받는 사람 사이에 지배와 종속 관계를 만들어내기도 한다.

'달갑지 않은 친절' 행위는 실은 매우 섬세한 배려(신경 쓰기) 속에 있다고도 말할 수 있다. 가감을 잘못하면 고마움 그

감귤의 달림

자체가 돼 숭배나 신격화의 대상이 된다(○○ 씨는 신과 같은 사람이다). 가감을 잘못하면 민폐 그 자체가 되고 비판과 악플의 대상이 된다.

나와 가까이 있는 사람 중 어떤 사람은 압도적으로 증여하는 사람이다. 연말이나, 백중의 시기, 아이의 탄생이나 가족이 입원했을 때 등등 선물용 과자 상자나 상자에 담긴 과일을 보낸다. 복지농원에 젊은이들이 도와주러 왔을 때도 고급 과자를 그 젊은이들에게 선물했다. 결코 부유한 것은 아니다. 그렇게 선물에 돈을 너무 많이 쓰다 보니 하루하루 식비를 아끼곤 한다.

그 사람에게 답례하면(예를 들어 식사를 대접하면) 이번에는 더욱 고액의 답례가 돌아온다. 그 때문에, "이제 선물은 필요 없습니다"라며 몇번이나 말하고 있지만, 그렇다고 끝나는 일은 없다. 나뿐만 아니라 그 사람과 관련된 사람들이 여러 가지로 증여를 받고 있다. 받기만 하는 것이 부담되어 가격을 알기 어려운 그리고 실용성이 높은 것을 선물해주는 등, 이런저런 지혜를 짜낸다. 그것도 근본적인 해결은 되지 않고, 또 때가 되면 그 사람으로부터 선물을 받는다. 그러다 보니 계속 미안함은 남는다.

그렇게 계속 고민하다가 어느 순간 문득 깨달았다. 중요한 건 그 사람이 만족하는 답례품을 주는 것이 아니다. 그로 인해 자신의 부담감이나 찝찝함을 해소하면 나는 그 사람보다 우위에 선다. 오히려 중요한 것은 그 사람이 그렇게 누군가에게 계속 증여를 해야 한다고 느끼는, 빚이나 상처의 '끝이 없음'을 상기해, 그 일이 무엇인지 정확하게 파악도 하지 못하고, 아무것도 할 수 없는 자신의 '꺼림칙함'을 응시하는 것이다.[40] 그런 생각 다음에야 비로소 그 사람과 같은 방향으로 세계를 돌아볼 수 있다. 같은 걸 보는 것과는 다르다. 그 사람과 나의 관계와 그 사람과 나의 위치를 파악하고 무엇을 할 수 있을지 고민한다. 할 수 있는 것은 겨우 그것뿐이다.

고전 힌두법을 단서로 모스도 다음과 같이 말한다.

선물은 그러므로 주어야 할 것이고, 받아야 할 것이며, 또한 그렇게 하면서도 받게 되면 위험한 것이다. 왜냐하면 주어지는 것 그 자체가 쌍방적인 연결고리를 만들어내기 때문이며, 이 연결고리는 취소할 수 없기 때문이다.[41]

간신히 할 수 있는 일을 끊이지 않고 계속한다. 그렇게 해서 터진 데를 꿰매고, 굴레와 속박을 다시 짜나간다.[42]

감자와 여행하기

야마나시 씨의 여름귤 투어로 촉발된 나는, 2021년 6월 복지농원에서 수확한 감자와 여행을 했다.

매년 감자와 양파는 동료들이 먹는 양 이상으로 수확이 가능하다. 이전에는 여름에 스무 명 이상이 농원에 일주일씩 머물며 작업하는 캠프를 하고 있었기 때문에 어느 정도는 소비할 수 있었다. 하지만 해를 거듭하는 가운데 점점 캠프 참가자 수도, 참가일 수도 줄어들었다. 코로나가 닥치고 나서는 캠핑뿐만 아니라 다 같이 밥을 지어 먹는 일도 없어졌다.

그러니까 예년 이상으로 채소는 남는다. 매달아 건조시켜 저장하는 양파와 달리 감자는 플라스틱 상자 안에서 이윽고 싹이 트고 썩는다.

그런 감자와 양파를 골판지 두 박스에 담았다. 한 상자에는 마늘도 넣었다. 그것을 차에 실었다. 평소에는 전철로 통근하는데, 그날은 차로 직장으로 향했다. 자원봉사 센터에 가지고 가서, 그곳을 찾는 학생에게 나눠주었다. 사무실 직원에게 나눠주고, 수업에서 만난 학생에게 나누어주었다. 온라인 수업에 참여하는 학생에게 안내방송을 하고, 교사들이 참여하는 메일링 리스트에도 학생에게 안내방송을 부탁했다. 굉장히 기뻐하고 카레 재료로 사용할 것이라고 말하고 가지고 가는 사람도 있었고 일단 받아만 간다는 느낌을 주는 사람도 있었다. '달갑지 않은 친절'이라고 생각한 사람도 있을 것이다. 그 '달갑지 않은 친절'이야말로 어쩌면 증여라는 것을 가르치기에는 교과서 이상으로 의미 있는 단서일지도 모른다고 생각한다.

돌아오는 길에 전에 내 수업을 들었던 니토 씨를 찾아가 감자와 양파를 손수 전했다. 그녀와 직원은 나에게 저녁을 준비해주었고, 나는 그녀의 활동에 대해 물었다. '집콕'을 외치던 2020년 4월, 그녀는 도쿄 번화가의 길거리에서 안전하게 지낼 곳이 없는 젊은 여성들에게 다가가 다양한 물자와 정보를 얻을 수 있는 버스 카페 활동을 하고 있었다.[43] 그것을 나는 인터넷 기사라든지 본인과의 온라인 통화를 통해 알고는 있었지만, 실제로 얼굴을 맞대고 같은 공기를 마시면서 이야기를 들어보니 느끼는 것, 생각하게 되는 것이 많았다. 어른으로서 이 사회에 있는 자신을 바라보지 않을 수 없었다. 돌아오는 길, 니토 씨에게 질문받은 말을 되새기며 차를 몰았다. 카스테레오에서 흘러나오는 라디오 제작자 대부분이 남자인 것의 의미를 생각했다.

주말 농원에 가서 그녀에게서 듣고 느낀 점을 복지농원 동료들에게 전했다.

나는 그녀에게 감자와 양파를 선물하고 우동을 먹으면서 이야기를 들었다. 그녀는 나에게 무엇인가를 부탁했고, 그것을 나는 내 주위 사람들에게 전달하려고 했다. 감자와 양파는 복지농원과 대학과 다양한 자리를 연결하며 이야기해야 할 것을 만들어내고 전체적인 급부 체계를 넓혀간다. 그것은 또 애초의 계획대로는 되지 않고 터지는 경우도 있어, 생각지도 못한 것을 깊게 생각하게 된다.

겨울에는 대량으로 생기는 토란과 회양목을 가지고 또 각지를 여행했다. 나뿐만 아니라 농원 동료들도 토란과 회양목을 가지고 나갔다.

그런 이야기를, 야마구치현 우베에서 닭을 기르고 있는 젊은 친구인 다카타 씨에게 했다. 곧 그녀로부터 이런 메시지를 받았다. "나도 봄이 되어 늘어난 계란(요 며칠 좀처럼 팔리지 않는)을 경차밴에 싣고, 근처를 돌아야겠다고 결심했습니다." [44]

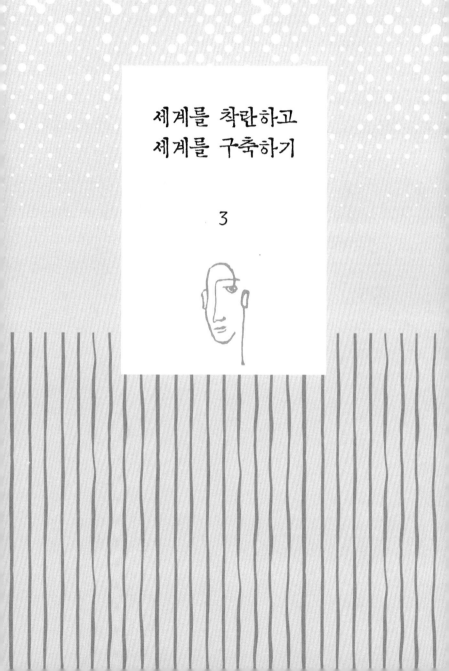

세계를 착란하고
세계를 구축하기

3

자원봉사의 시작

일본자원봉사학회의 일

과거 '일본자원봉사학회'라는 학회가 있었다. 1998년에 발표된 설립 취지서는 다음과 같은 말로 시작한다.

우리는 지금, 이제까지 일본을 지탱해온 사회 시스템과 가치 시스템이 붕괴하는 혼미의 시대에 살고 있습니다. 특히 사회 시스템은 '제도 피로'를 초래하고, 정치·경제·문화·생활의 모든 분야에서 기능 부전의 상태에 빠져 있습니다.

이러한 시대 상황에서 우리는 '인간 사회의 기저를 이루는 '서브시스턴스subsistence'(자율적 생존) 영역의 활동을 어떻게 협동해서 회복하고 재구축하는가' 같은 물음에 이 끌려 혼란을 벗어나는 새로운 길을 발견하고 싶습니다.

일본은 관 주도의 사회가 종언을 맞이해, 보통 사람들도 공익의 담당자라고 하는 새로운 공공성의 사고방식이 뿌리를 내리려고 하고 있습니다. 그 와중에 우리는 자원봉사자의 역할에 대해 새로운 평가를 하고 싶습니다. 자원봉사야말로 인간의 자율성과 협동성을 새롭게 구축하는 실천이며, 그 실천 속에 미래를 여는 새로운 길이 있음이 분명하기 때문입니다.

나는 농업과 농촌에 대한 스승이라고 할 수 있는 고마쓰 씨의 권유로 이 학회에 참가했다. 처음 발표한 것은 2003년 오사카에서 열린 대회로 여기서 처음으로 야마나시 씨를 만났다. 2006년부터 나는 이 학회의 운영위원을 맡아 연례대회를 두 번 기획했다. 첫 번째는 2010년이고 두 번째는 2012년의 일이다. 틈은 겨우 2년밖에 없다. 그만큼 기획하는 사람이 없었다. 연구자의 재생산을 목적으로 하지 않는 이 학회는, 대표인 구리하라 씨를 중심으로 하는 자유로운 동아리 같은 곳이며 영업시간 외의 술집이나 NPO가 관리하는 시설 등도 사용하면서, 자유로운 논의의 장에서 이뤄졌다. 연례대회도 전국 각지의 대학 및 시민활동단체와 협동으로 기획했다. 사무국을 담당하는 사람들의 부담이 커서 결국 해산을 결정하는 원인이 되었다. 계속하는 것을 목적으로 하지 않고, 깨끗이 그만둘 수 있었던 것도 이 학회가 가지고 있던 하나의 매력이었다고 나는 생각하고 있다.

지금 다시 설립 취지서를 읽어보니 무상성無償性이라던지 자발성과 같은 상투어에 의지하지 않고, 자원봉사자가 가진 가능성을 넓히려는 의지에 마음이 떨린다.

도쿄의 끝, 도호쿠의 시작

내가 기획한 첫 번째 대회는 내가 근무하는 대학의 도심에 있는 캠퍼스에서 열렸다. 대학 밖에도 몇 군데 학회장을 두면서, 기본적으로는 설비가 갖추어진 대학 시설이 메인 회장이었다. 대학도 다양한 형태로 지원했다.

두 번째 대회는 내가 이사하게 된(이사라고 해도 옆의 역이지만), 사이타마의 모처에서 열렸다. 이때는 정말로 누덕누덕

기운 대회였다. 처음에 농원에서 신세를 지고 있는 현지의 재계인에게, 역 근처의 이벤트 회장을 확보할 수 있다고 들었다. 회장의 신청은 3개월 전부터이므로, 그때까지는 잠자코 기다리면 괜찮다는 말을 들었다. 대회 실시일로부터 3개월도 전인 어느 날 그 사람으로부터 전화가 걸려왔다. 시설 예약을 실은 반년 전부터 해야 하는데, 이미 회장은 다른 단체가 잡아버렸다는 이야기였다. 메인 회장마저 사라졌다. 할 수 없이 이곳저곳에 전화했지만 이틀 내내 사용할 수 있는 곳은 없었고, 겨우 반나절만 사용할 수 있는 미술관 강의실과 내가 졸업한 학교 동창회관, 건축 중이던 우리 집마저 행사장으로 만들었다.

동일본 대지진과 원자력 사고가 일어난 2011년의 다음 해에, 사이타마의 모처에서 자원봉사 학회를 열 것을 생각하고 학회의 테마는 '도쿄의 끝, 토호쿠의 시작-경계를 살아낸다'[45]라고 했다. 복지농원과도 오랜 세월 교류가 있는, 미야기현에서 벼농사와 소를 기르는 농가나, 복지농원에도 참가하는 장애인 단체인 '짚신회'나 현지 로터리 클럽 사람들이 강연자로 참가했다.

형은 도우미인 가리야사키 씨와 함께 오프닝 퍼포먼스를 했다. 가리야사키 씨는, 표현가업('사자춤'부터 음악활동, 빠르고 저렴하여 닮지 않은 캐리커처, 만화 등, 표현활동)을 했다.[46]

형과 카리야사키 씨는 '공생하다'라는 제목으로 서로의 관계를 두 사람이 공연하는 입체적인 구조의 라이브 종이연극을 했다. 형이 징을 두드려 시작한 퍼포먼스는 종이 극의 한쪽을 가리야사키 씨가, 다른 한쪽을 형이 들거나, 형이 마이크를 들고 가리야사키 씨가 종이 극을 들거나, 그 반대가 되거나, 때때로 회장 내를 돌아다니면서 이루어졌다. 이때 가리야사키 씨는 손가락을 다쳤고 형이 그의 퍼포먼스를 보조하는 장면도 있었다.

도움을 주고받는 관계는 '한마디로 이거'라고 말하기 어렵다. 형의 뜻을 어떻게 읽을지, 그리고 주변 사람들과 어떻게 타협할지 고민할 필요가 있다. 당시 형은 전철을 탈 때 자리에 앉는 것에 대한 강한 집착이 있어, 때로는 앉아 있는 사람을 제치고 앉기도 했다. 가리야사키 씨는 어디에 빈자리가 있는지를 확인하고 형을 그곳으로 유도한다. 그 유도에 따라주지 않을 수도 있다. 한편 가리야사키 씨가 가고 싶은 레코드 가게나 음악 이벤트에 형을 데리고 가기도 한다. 형은 갑자기 큰 소리를 치며 펄쩍 뛴다. 가리야사키 씨는 거기에 형의 댄스 감각을 읽어내고, 라이브 음악에 맞춰 춤추는 자신과 연결해, 자신과 형이 올라타는 리듬의 차이를 찾는다. 그런 것을 애드리브 섞어 이야기하는 사이에 시간은 큰 폭으로 초과해, 결과적으로 준비하고 있던 종이연극의 전부를 연기할 수도 없었지만, 회장으로부터는 큰 갈채를 받았다.

미완성 집에서 거주를 개방하기[47]

이틀간의 연례대회 끝까지 형은 같이 있어주었다.

첫날 친목회의 3차, 라면집까지 같이 가고 당시 내가 살고 있던 집에서, 먼 곳에서 온 게스트들(그중 야마나시 씨도 있었다)이나, 숙소를 잡지 않고 온 젊은이들과 같이 뒤섞여 잤다.

다음 날 형은 건축 중인 집에서 열린 분과회에 참석했다. 분과회에서는 일상 편집가(현재는 문화 활동가로 개칭)인 아사다 와타루 씨의 코디 아래에서, 특정한 장르로 분류가 어려운 다양한 활동을 실천하고 있는, 돗토리·오사카·교토·야마나시·사이타마·미야기에서 활동하는 이삼십 대 사람들이 발표를 했다. 아직 벽도 완성이 안 된 집 안은 텅 비어 있었고, 상가를 걷는 사람들은 그 모습을 바라보고 있었다. 야마나시 씨는 젊은이들의 조언자로 참가했다. 그럼에도 분과회가 시작되자 근처 가게에서 맥주를 마시고 있었다. 이윽고 와서 발판 파이프에 올라, 거기에 걸터앉았다. 회장을 내려다보며 젊은

이들의 이야기를 듣고 있었다. 마지막에 코멘트를 해달라고 부탁받은 야마나시 씨는 신이 나서 "꽤 정말 좋아, 너희들. 대단한 거야"라고 말했다. 형은 행사장에 앉은 뒤 밖으로 나와 상가를 오가며 인근 건물 계단에 앉았다.

분과회가 끝나자 참가자들은 역 구내를 서쪽 출구에서 동쪽 출구로 빠져 고등학교 동창회관으로 향했다. 두 분과회를 마무리하고 대회 전체 마무리를 했다. 기획자였던 나는, 마지막 매조지의 말로 다음과 같이 말했다.

이 고등학교는 나의 모교인 동시에, 형이 시험을 봤지만 4년 동안 계속 불합격한 학교입니다. 형의 4년째 수험은 제가 수험하던 해와 겹쳤습니다. 전일제에 지원한 저는 합격했고, 정시제에 지원한 형은 불합격했습니다. 저의 합격을 확인하고 며칠 뒤, 같은 게시판에서 저는 형의 불합격을 확인했습니다. 교내 공중전화에 10엔을 넣고, 본가에 있던 아버지에게 형의 불합격 사실을 알려드렸습니다. 합격한 수험생 이름을 내건 게시판이야말로 저와 형의 '경계'였습니다.

어떤 길로 나아갈 것인지는 개인이 한 선택의 결과이며, 어디가 됐든 거기에 청춘이 있고 만남이 있습니다. 단지 중요한 것은, 그 언뜻 '당연한 것'의 배후에 사람을 자의적인 기준으로 분단해, 그것을 사람들에게 납득하게 만드는 관리 시스템이 존재하는 것입니다. 그리고 그 시스템을 흔드는 실마리는 생생한 감정이자 신체 감각입니다. "고, 고 간다"라고 형이 계속 말하는 것이 형제를 가족을, 고등학교를, 교육을, 그리고 사회를 흔들어, 그때까지와 다른 회로로, 사람과 사람, 사람과 사물을 연결해갔습니다.

이틀간의 모임이 끝났다. 사람들은 역을 거쳐서 돌아갔다. 나는 끝까지 해낼 수 있을지 모르는 일이 겨우 끝나서 지칠 대로 지쳐 있었다. 해방감에 휩싸이면서 정리를 시작하려 할 때 형이 없어진 것을 알았다.

대회의 끝, 자원봉사의 시작

일본자원봉사학회 설립 취지서는 다음과 같은 말로 맺는다.

한 사람 한 사람이 비판적이고 창조적으로 사물을 보는 능력을 익혀, 세계의 현실을 필연적인 것이 아니라, 인간

의 힘으로 움직일 수 있는 것임을 아는 것, 여기서 미래의
희망이 생길 것으로 생각합니다.

나를 비롯한 많은 사람은, 여기서 이야기하는 '한 사람 한
사람의 인간'을 지적장애가 없는 사람으로서 무의식적으로
읽고 있지 않을까. '한 사람 한 사람의 인간'이란 자원봉사를
하는 사람이다. 지적장애가 있는 사람은 지적장애가 없는 사
람에게 자원봉사를 받는 쪽이지 누구에게 자원봉사를 하는
쪽이 아니다. 그렇게 생각했다면, '한 사람 한 사람의 인간'에
지적장애가 있는 사람은 포함되지 않을 것이다. 그렇게는 생
각하지 않았다고 해도, 그럼 지적장애가 있는 사람을, 비판적
이고 창조적으로 세상을 보는 능력을 익히는 사람으로서 파
악하고 있는 것일까.

대회가 끝나고 돌아가는 사람의 흐름을 타고 형은 어디론
가 가버린 것 같다. 형을 본 사람이 없는지 여기저기 외치고
뛰어다녔지만, 형이 사라진 것을 알아차린 사람은 없었다. 많
은 사람이 모임이 끝날 때까지 형이 행사장에 있었고 의자에
앉아 있었던 것을 기억하고 있었다. 하지만 언제 사라졌는지
파악하는 사람은 없었다.

이틀 동안 언제든지 사라질 타이밍은 있었는데 끝까지 있어준 것에 형의 뜻을 느꼈다. 형은 동생의 일에 어울렸고, 그 마지막 말이 어떻게든 나오는 순간을 지켜봤고, 그리고 사라졌다.

이럴 때 할 수 있는 일은 별로 없다. 나는 어머니에게 연락하고 회장 정리를 하고, 스태프들과 뒤풀이를 했다. 밤이 되어서야 형이 발견됐다는 연락을 경찰로부터 받았다고 어머니로부터 전화를 받았다.

형이 발견된 것은 내가 일하는 대학 캠퍼스가 있는 요코하마의 모처였다. 형은 왜인지 터미널이 아닌 그 역에서 내려 거리를 걷고 있었다. 그가 그곳에 온 적은 없다. 인연이 있다면 동생이 일하는 곳이라는 바로 그 점이다.

피곤한 데다 술을 마시던 나는 그렇게 해서 형이 직장이 있는 곳을 보러 가준 것처럼 느꼈다.

지금, 그때 일을 되돌아보고, 거기야말로, 그 대회의 클로징 퍼포먼스가 있어, 자원봉사의 시작이 있었던 것은 아닐까 하고 자각한다. 형은 이틀 동안 다양한 사람들을 만났고, 마지막에는 혼자서 결단을 내리고 어디론가 떠나갔다. 그 나름의 방식으로 이 대회에 관여해, 동생의 세계에 닿고 있었다.

그리고 그 후에 해산한 학회에 대해서 '한 사람 한 사람의 인간' 중에 간과한 것은 없는지, 근원적인 곳에서 물음을 던지고 있었다. 그런 식으로 지금 나는 생각한다.

이틀간의 그의 몸짓과 그 이틀이 끝난 뒤의 싯소. 그 자체가 비판적이고 창조적으로 사물을 보는 능력의 발현이고, '세계의 현실을 인간의 힘으로 움직이는 것'의 발현으로 받아들일 때 거기서 나오는 미래의 희망이 있다.

보름달과 블루임펄스 혹은 우리의 축제에 관하여

8월의 제전

미누마 논 복지농원의 8월 공동작업은 2020년 여름에 시작되었다. 형이나 동료들의 일을 도와주는 지역 활동 지원 센터의 농원 담당 스태프인 야마 씨가 농원의 배수성을 향상시키기 위해서 도랑을 파자고 제안한 것이 계기였다.

2020년은 추석 연휴 이틀 동안 뙤약볕 아래서 아침부터 점심까지 구덩이를 팠다. 복지농원과 관련된 단체 사람들이 모여, 작업을 진행했다. 30분에 한 번씩 충분히 휴식을 취하며 아이스크림과 영양 보충을 할 수 있는 휴대 식량 과자를 나눠 먹었다. 작업 참가 인원은 총 열 명이 채 되지 않았다. 코로나바이러스의 두 번째 파도가 일본에서 떠들썩하던 무렵의 일이다.

2021년의 공동작업은, 복지농원 회원인 사이타마 조선학교의 김 씨가 퇴비장을 뒤엎는 작업을 제안한 것이 계기였다.

복지농원은 장애인 복지와 관련된 두 단체와 자원봉사 단체, 조선학교에서 각각 구획을 가지고 관리하고 있다. 각 단체 구획이나 공동관리 잔디광장, 통로, 비오톱, 이웃 농가와의 경계에서 제초된 풀은 퇴비장에서 산처럼 쌓여 분해돼 흙이 된다. 그렇다고 자동적으로 분해가 진행되는 것은 아니다. 끈질기게 살아남은 잡초는 그곳에서 자라고, 호박과 수수, 쥐꼬리풀 등 채소와 잡초의 씨앗은 싹을 틔워간다. 그것들을 솎아내고 뽑는다. 그 밑에 있는 분해된 흙을 파낸다. 거기에 생긴 구덩이에, 분해되지 않은 찌꺼기나 막 낫질한 풀을 넣는다. 그 위에 분해된 흙을 덮어 씌운다. 그런 뒤엎는 작업이 1년에 몇 번은 필요하다.

야마 씨도, 전년과 다른 장소의 도랑 파기를 계획하고 있었다. 2021년의 공동작업은 퇴비장의 뒤엎기, 도랑 파기, 그것과 예초기의 강습을 함께 실시하게 되었다. 처음에는 추석 연휴에 실시하려고 했지만, 사정이 여의치 않아 일주일 뒤에 시행하게 되었다.

2019년까지 복지농원에서는 매년 8월에 캠핑을 했다. 2002년에 캠프를 시작했을 무렵부터 2010년대 중반까지는 일주일 동안 했지만, 그 후 몇 년은 고작 몇 박에 그쳤다.

시작할 때는 나는 아직 이십대 초반이어서 에너지도 여유도 있었다. 당시에는 어쨌든 캠핑하는 것 자체가 목적이기도 해서 거의 작업을 한 기억이 없다. 어쨌든 모닥불 피우기, 야외에서 밥 짓기, 새벽까지 줄기차게 마시고 이야기하는 것이 활동의 중심이었다. 당시 친해진 초등학생도 참가해, 술 취한 젊은이들과 함께 야외 활동을 즐겼다(그래서 일주일의 캠프 기간이 끝날 무렵에는 굉장히 와일드해졌다). 2년 차 캠프는 마지막 날 하루를 제외하고 엿새 간 내내 비가 내렸다. 한때는 옆에 흐르는 강물도 넘쳤다. 정말로 농사를 짓지 못했다(미누마 논이 유수지遊水地 기능을 가진 토지의 특성도 있어 강물이 불어나면 자주 이런 일을 당한다. 2005년의 캠프는 연회의 여흥을 즐기고 있는데, 게릴라 호우가 덮쳐, 텐트 같은 것이 휩쓸릴 것 같아 갈피를 못 잡고 허둥지둥 댔다). 캠프 3년 차 즈음부터 새벽 5시에 일어나 농작업을 하는 습관이 생겨서 인근 농가를 도우러 가거나 지역의 생활사를 들으러 가는 식으로 프로그램이 내실화되었다. 참가 인원은 서른 명을 넘어서게 되어 이른 아침부터 농사, 점심 먹으면 낮잠을 자고, 조금 시원해지면 농사, 밤

세계를 착란하고 세계를 구축하기

에는 스터디 그룹이라는 금욕적인 합숙 형식으로 자리를 잡았다.

나를 비롯한 1세대가 중년이 되면서 2017년부터는 해마다 날짜가 짧아져 코로나 전년에는 캠프는 1박만 하는 것으로 되었다. 그렇게 짧아지니 일을 굉장히 많이 할 수 있다는 점을 깨달았다. 졸저 《분해자들》이나 《자원봉사가 뭐였지?》는 그렇게 생긴 시간에 집필이 진행됐다.

그래서 코로나 와중에 시작된 공동작업은 숙박과 연회가 생략된 형태로 캠프에서 하던 일을 이어받았다고도 할 수 있다.

8월 22일 아침, 가장 먼저 복지농원에 온 야마 씨를 필두로 조선학교 관계자까지 어른이 열다섯 명 정도 참가했다. 그 외 나와 함께 캠핑을 하던 시절부터의 동료나, 올해부터 복지농원에 다니기 시작한 가족도 참가했다. 조선학교 아이들은 일을 아주 잘해주어서 어른들이 파낸 흙을 외발자전거로 밭에 여러 번 날라줬다. 뙤약볕 속에서 말 그대로 뛰어다니고 있었다. 이리하여 경계의 골은 깊어지고 퇴비장은 뒤엎어졌다.

밥을 짓고, 같이 먹지는 않았지만, 휴식 시간이나 작업 중간중간에는 온갖 수다를 떨었다.

망자들과 춤추기

점심을 끼고 온 것은 형과 마에다 씨였다. 이날 오후에는 지적장애인들의 농사일 체험 모임이 있었고, 두 사람은 그 일의 접수를 담당하는 스태프였다. 지적장애가 있는 사람들을 받아들이는 일을 지적장애가 있는 사람들의 일로 삼는다는 것이 2021년부터 시작된 이 모임의 골자이다. 두 사람과 그 도우미, 다른 스태프들과 함께 농원을 돌면서 할 일을 확인하고 사람들이 조밀하지 않도록 준비한다. 물론 책상은 걸레로 닦았다.

찾아온 사람들과 준비운동을 하고 농원을 거닐었다. 4월에 심은 토란의 생육을 확인하고 고랑의 터널을 걷고, 가지나 고추 등 여름 채소를 수확했다. 가지치기와 벌목을 한 나무에 잡초 덩굴이 휘감겨 있는 것을 하나하나 호랑벌집을 조심하면서 꺼내, 불을 피웠다. 사람들은 여유로운 시간을 보내며 해가 저무는 것을 맞이했다. 이날은 마에다 씨의 도움으로 참가하고 있던 농원 전속 기타리스트 야마짱의 기타 반주로 모두 함께 노래를 불렀다.[48]

하루 동안 온갖 인파가 몰려든 농원이었다. 하루 여기를 찾은 사람은 쉰 명을 넘었다. 그러한 사람들이 들어오고 나가는 속에서 나는 예전에 농원에 있던 사람들을 떠올렸다.

그것은 어째서인가—. 이날 보고 있던 풍경은, 거기 있던 사람만이 만든 것은 아니다. 일찍이 농원에 온 사람의 작업에 의해 만들어진 것이 여기저기에 있다. 그 사람이 심은 나무, 그 사람이 가르쳐준 가지의 선반을 만드는 법, 파의 흙을 북돋우기, 그 사람과 함께 지은 농기구 오두막. 좀 더 말하면 자라나는 채소와 잡초가 있고, 자라거나 시들어가는 나무가 있고, 벌레와 개구리, 지렁이 등 생물이 있으며(이날 아이들은 톱사슴벌레와 새우를 잡고 있었다), 그 유해와 찌꺼기가 분해되어 다시 흙이 되어 밭으로 돌아간다. 그것은 여기 농원만으로 그치지 않고, 이웃의 농지에서 한층 더 그 옆으로 퍼져나간다. 사람이나 다양한 것들의 일과 삶이 풍경을 만들어간다.

그렇게 작업하면서 농원에서 시간을 함께한 그리운 사람들과 어울린다. 그중에는 이제 이 세상에 없는 사람들도 여럿 있다.

어느 날부터 나는 8월에 계속하던 캠프를, 추석에 조상을 맞이하는 방법을 잃어버린 우리에게 죽은 이와 어울리는 의식이라고 생각하게 되었다.

베드타운〔대도시 주변에 있고, 도심에 통근하는 사람들이 사는 주택 도시를 가리킨다. 낮 인구보다 밤 인구가 많다는 것이 특징이다—옮긴이〕

의 핵가족에서 태어난 나는, 도쿄 출신인 부모의 본가에서는 추석이 7월인 것도 있고, 친족과의 관계가 소원해져 있거나, 묘가 먼 곳에 있다 보니 어릴 적부터 추석을 지내는 습관이 없었다.

"추석 시기에 캠핑을 하다니! 그건 좀 이상하다." 어느 해, 절 출신 젊은이에게서 그런 말을 들은 적이 있다. 그러나 가까운 죽은 이들과 어울릴 방법조차 잃어버린 나에게 추석은 허망한 공백의 나날이거나 아니면 단순한 휴일일 뿐이다. 그래서 이 캠프가 추석 시기의 연례 행사이고, 여기서 처음에는 젊은이로서, 지금은 젊은이와 함께함으로써 저승에 간 사람들을 떠올리고, 이 세상에 잠시 그들을 맞이하는 자리가 되었으면 좋겠다고 그 사람에게 대답했다.

캠프를 시작한 지 10여 년쯤 되면서 캠프에 참가한 사람들과 협력해준 사람들이 하나둘씩 저세상으로 떠나고 있다. 그러한 그리운 죽은 이들이 찾아와, 함께 어울리는 장소를 만든다. 아침에는 춤추듯 일하고, 매일 밤, 불을 피우고, 술을 마시며, 그들을 기다린다.

그런 생각을 떠올리면서 이날도 모닥불을 피워놓고 사람들과 불을 에워쌌다. 그렇게 해서, 2021년 농원에서는 추석 행사를 원래 하던 시기보다 일주일 늦게 진행했다.

누군가의 것인 하늘

이날 아직 더위가 가시지 않은 오후 2시 45분. 농사일 체험을 위해 농원 안을 거닐던 때의 일이다. 상공에서 폭음이 울렸다. 그 소리가 들려오는 방향을 향해, 마에다 씨가 "고마워요"라며 크게 손을 흔들었다. 토란이 자라고 고가선이 달리는 여느 풍경 위에 세, 네 개의 꾸불꾸불한 비행운이 달리고 있었다. 그것은 이틀 앞으로 다가온 패럴림픽의 개회식을 위한 블루임펄스의 시험 비행임을 알게 되었다.

마에다 씨는 기뻐하고 있었지만, 나는 이 온화한 공동작업 시간을 방해하지 않았으면 좋겠다고 생각했다. 패럴림픽도, 올림픽도. IPC도, IOC도. 그리고 일본 정부도. 동시에 나도, 농원도 이 동시대의 여러 가지 일에 계속 흔들리고 있다고 생각했다.

미누마 논 상공에 블루임펄스가 남긴 비행기구름은, 우리의 그리운 풍경이, 바깥의 큰 힘으로 쉽게 좌우되는 것의 전조 같기도 하다. 우리의 부자유로움을 만들고 있는 것은 당시 맹위를 떨치고 있던 코로나바이러스의 델타변이나 그 뒤에 나타난 오미크론변이뿐만이 아니다.

그 자위대의 연습기가 발생시킨 폭음을 반년 후, 전장이 된

보름달과 블루임펄스 혹은 우리의 축제에 관하여

나라에서 보내오는 영상을 보면서 생각해냈다.

이날 작업이 끝날 무렵에는 농원 동남쪽에 있는 절 쪽에 보름달이 떠 있었다. 보름달은 고요하고, 후에 아무것도 남기지 않는 것이 좋다. 그 고요함을 등에 업고 집으로 향했다.

분해자와 죽음

2022년 3월, 농원 자원봉사자였던 후지에다 씨가 세상을 떠났다.

후지에다 씨는 2004년경부터, 형과 동료들과 함께 일하고, 그 작업을 지원해주었다. 후지에다 씨는 건축사 일을 은퇴하고 농원에 온 사람으로, 농원에 온 지 1년이 지날 무렵에는 형과 동료들뿐만 아니라 주말을 중심으로 활동하는 나와 그 동료들과도 친하게 지내게 되었다. 대학원생이었을 때의 나는, 평일에도 농원에 갔었기 때문에 후지에다 씨와 휴식 시간에 수다를 떨고, 다양한 것을 배우고, 후지에다 씨가 살아온 전후戰後 건축 세계에 관해 알게 되었다.

후지에다 씨는 젊은 시절 고향을 떠나 수도권 곳곳의 건축

현장에서 일해온 사람이다. 전후의 일본을 대표하는 건축가와 일을 하고 유명한 고층 건축의 도면을 그렸다. 그런 후지에다 씨는 농원에서 장애가 있는 사람이나, 예의를 모르는 나 같은 젊은이들과의 교류를 즐기면서 "지금이 가장 인생에서 즐겁다"고 말해주었다. 자원봉사자로서 농원에 와 있는 다양한 사람들의 목소리를 듣고 그 작업 풍경을 읽어가면서, 농원에 필요한 농기구 오두막을 만드는가 하면 부서진 것을 개보수해주었다. 후지에다 씨는 여름 캠프에 대한 기대도 커서, 거기서 젊은이들에게 파의 흙을 북돋워주는 방법을 가르치거나 못을 박는 방법이나, 오두막의 내진 강도를 높이는 방법을 가르쳐주었다.[49]

첫 아이가 태어나서 처음으로 농원에 갔을 때도 후지에다 씨는 농원에 있다가 큰아이를 맞아주었다. 셋째 아이가 태어난 지 한 달도 안 돼 간 곳도 봉사활동을 은퇴한 후지에다 씨의 집이었다. 그것이 생전의 후지에다 씨와 만나는 마지막 기회였다. 나는 재방문을, 다른 동료는 방문을 원했지만, 코로나 때문에 망설여졌다.

팔순이 넘은 해 봄, 후지에다 씨는 농원의 자원봉사자를 은퇴했다. 그 전년 가을 추수 축제 때 후지에다 씨가 내게 해준 말을 잊을 수가 없다. 후지에다 씨는 젊었을 때 술을 끊었는데, 이날은 맥주를 마시고, 그리고 쾌활한 얼굴로 자신보다 더 오래 살 사람인, 나에게 말해주었다. 후지에다 씨가 해준 그 말이 (그 내용은 쓰지 않겠지만) 내가 농원과 계속 관계를 맺어 가기 위한 하나의 버팀목이 되었다. 혈연관계도 없는, 자원봉 사로 만난 다음 세대의 인간에게 무엇인가를 맡긴다는 것이 언젠가 내가 할 수 있는 일일까하고 생각한다.

코로나바이러스의 확산과 그에 대한 공포감의 고조 속에 서, 각지의 연중행사가 중지나 축소를 피할 수 없게 되었다. 그런 가운데 연중행사 관행이 거의 없는 우리가 새롭게 만들 어낸 관례는 이럭저럭 이어져 왔다. 후지에다 씨의 부고를 접 하고 다음 여름이야말로 또 캠프를 하고 싶다고 생각했다. 아 무래도 일주일은 힘들겠지만, 아침부터 일하고 밤새워 마시 는 일만이라도.

우연히 만난 우리, 그 일기일회 一期一会를 미래에 맡긴다.

세계를 착란하고 세계를 구축하기

노선도의 착란 1

형의 '나 홀로' 여행

형은 긴 문장 대신 한 단어 또는 두 단어로 말한다. 이를테면 "집에 가자", "괜찮아", "와줘"처럼. 글자는 자기 이름만 쓸 수 있다. 그것은 고교 입시를 위해 어머니와 맹훈련한 성과이기도 하다. 아마도 글자 읽는 일은 하지 않을 것이다.

가끔 형은 혼자 여행을 떠나버리곤 한다. 지갑을 가지고 있는 경우는 거의 없다. 그래도 철도를 타고 어딘가 가버린다. 노선도를 읽을 일도 없다고 상상하지만, 도쿄도 내에 사는 조부모님 댁이나, 가족끼리 묵었던 하코네의 호텔까지 간다. 어떤 경로로 그가 이동하고 있는지 확인할 수 없다. 어느 날 형은 없어지고, 어느 장소에 나타난다. 목적지에 도착하는 일도 있고, 아무 일도 없었던 것처럼 집에 돌아올 수도 있고, 도중에 보호를 받을 수도 있다. 지갑을 가지고 있지 않거나 가끔 큰 소리를 내거나 뛰어오르는 형은 역무원이나 경찰의 보호 대상이 된다. 아무런 연고도 없는 곳에서는 스스로 보호받도록 행동한다고 나는 느낄 수도 있다.

왜 그곳에 갔는지 상상할 수 있는 장소도 있지만, 상상할 수 없는 장소도 있다.

예를 들어 친조부모님 댁에 자주 간 것은 형이 할아버지를 좋아했기 때문이라고 나와 부모님은 이해하고 있다. 할아버지는 형을 당신의 방식으로 받아들였다. 아이가 많다 보면 장애가 있는 아이가 있다. 다른 아이와 차별해서는 안 된다. 아버지가 할아버지에게 형에게 장애가 있다고 말했을 때 할아버지는 그렇게 말을 돌려줬다고 한다. 돌아가시기 몇 년 전, 설날에 가족끼리 인사하러 갔을 때 할아버지는 "료타는 천진난만하다"고 말씀하셨다. 할아버지가 돌아가시자 형은 조부모님 댁에 혼자 가는 일은 없어졌다.

한편 형은 나와 가족이 상상할 수 없는 곳으로 가버리는 일이 있다. 고오리야마에 간 적이 있고, 오오이소에 간 적이 있

세계를 착란하고 세계를 구축하기

다. 고오리야마는 형이 중학생 때 가본 곳으로, 마중나간 아버지와 함께 선물로 호두를 사 가지고 돌아왔다. 오오이소행은 대학원생이 된 내가 마중을 나갔다. 그때까지 나는 오오이소에 갈 일은 없어서, 경찰에서 형을 맞이한 후에 밤바다를 바라보았다. 밤바다에 '좌좌' 하며 바람이 불었고 그 바람을 맞으며 형은 펄쩍 뛰었다. 나에게는 그해 바다에 간 유일한 경험이다.

형의 여행은 그 자신의 관계를 빗대는 것과 동시에, 거기에 말려드는 나와 가족, 그리고 도우미들을 생각지도 못한 세계와 연결한다.

형이 어떤 경로로 이동했고, 그곳에서 어떤 경험을 했는지는 알 수 없다. 어떨 때는 집을 나갔을 때 입었던 겉옷과 다른 겉옷을 입고 돌아온 적이 있다. 그 겉옷은 새것이 아니라 형이 입던 것보다 좀 낡아 있었다. 어머니와 나는 형이 누군가에게 식사나 숙소를 제공받고 그 대가로 옷을 교환한 것이 아닐까 상상했다. 형에게 물어도 아무런 대답이 돌아오지 않는다. 스마트폰이나 GPS를 갖고 있으면 위치를 확인할 수 있겠지만, 형은 그런 기계장치를 갖고 다니는 것을 좋아하지 않고, 만약 갖게 되었다고 해도 어딘가에서 산뜻하게 던져버릴 것이다.

형의 발걸음을 상상하는 단서는 그가 자신이 좋아하는 철도를 타고 이동했다는 한 가지다.

규칙과 상상

마르크 오제Marc Auge는 파리 지하철, 그리고 민족학자이자 인류학자인 자신의 경험을 토대로 책 한 권을 썼다. 오제는 지하철의 규칙성이 시적 매력을 지닌다고 쓴다.

지하철의 규칙성은 명백하고 확립된 것이다. 첫 전차도 마지막 전차도, 매일의 스케줄링에서 부동의 지위가 주어짐으로써 아마도 어떠한 시적 매력을 얻고 있다. 이들은 '타임 리미트'가 가진 불가항력이라는 성격의 상징이며, 시간의 불가역성과 매일이 연속되는 것의 상징이다. 공간 용어로 말하면 대중교통은 똑같이 기능적인 묘사, 혹은 지리적이기보다는 기하학적인 묘사에 적합하다. 한 지점에서 다른 지점으로 가기 위한 가장 효율적인 경로는 쉽게 계산할 수 있다.[50]

지하철은 정해진 경로와 정해진 운행표를 따라 달린다. 공간과 시간은 각각 노선도와 시간표로 질서 지워진다(질서가 잡힌다). 그것은 파리의 지하철에만 국한되지 않는다. 사람들은 철도를 이용하려고 함으로써 공간적, 시간적으로 관리된다. 어디에서 어디로 가기 위해 어떤 루트를 사용하고 몇 시쯤까지 갈 수 있는지 파악한다. 거기에서 몇 시까지 돌아올 수 있는지를 알고, 자신의 예정된 '타임 리미트'가 정해진다. 누군가와 식사를 하고 아무리 대화가 무르익어도 막차 시간은 신경이 쓰인다. 자신과 상대의 각각 돌아가는 장소에 따라 막차 시간은 다르다. 그 제약을 의식하면서 그 사람들과 시간을 보낸다.

그렇다고는 하지만 지하철이 만들어내는 공간적 제약도 시간적 제약도 무시할 수는 있다. 막차를 놓쳐 밤새 술을 마시고 그대로 출근할 수도 있고, 아니면 한 정거장 앞에서 내려 걸어서 집에 갈 수도 있다. 그런데도, 막차를 굳이 (혹은 무심코) 놓친 것, 일부러 한 정거장을 걸은 것에, 노선도와 시간표에 따른 강제력의 존재를 나타낸다.

학교도 지하철/철도와 마찬가지로 시간과 공간을 질서 지운다. 시간표가 있고, 통학로가 있으며, 정해진 시간표와 정해진 경로로 살게끔 되어 있다. 물론 그 어느 것도 따르지 않을 여지는 있다.

초등학교 3학년 가을, 형은 내 앞에서 사라졌다.

할아버지로부터, 자전거를 막 사달라고 했을 무렵이다. 어머니가 중학교에서 돌아오는 형의 모습을 보러 가달라는 부탁을 받은 나는 흰색 산악자전거를 타고 형의 중학교로 향했다. 중학교 밑에 있는 신호등에서 기다리고 있는데, 형의 동급생으로 보이는 여자애들이 "료타 동생? 닮았네" 하며 말을 걸어왔다. 새 자전거를 탄 나는, 그렇게 모르는 사람이 나에게 말을 거는 것을 부끄러워했다. 그래서 형이 오는 것을 멀리서 보려고 통학로에서 떨어진 곳으로 이동했다.

이윽고 형은 왔다. 그것을 멀리서 확인하고, 또 다른 루트로 형과 나란히 달리고, 다음 모퉁이에서 형이 오기를 기다렸다.

돌고 도는 동안 나는 형을 놓쳤다. 나는 초조해서 등굣길을 왔다 갔다 했다. 일단 집에 돌아와 형이 돌아오지 않은 것을 확인하고 통학로 옆 연못에 빠지지 않았는지 들여다보며 각기 다른 노선의 가장 가까운 역에 형이 없는지 자전거를 몰았다. 하지만 형을 찾을 수는 없었다.

밤이 될 무렵, 도쿄도 내에 사는 친할머니로부터 형이 집에 왔다고 연락이 왔다.

학생복을 입고 있던 형은 아직 밤도 늦지 않은 시간이었기에 특별히 의심받지 않고 도쿄로 향하는 전철을 갈아타 할아버지 댁에 도착했다. 철도의 규칙성은 그런 것을 상상하게 한다.

고립 없는 고독

지하철/철도는 사람들의 다양한 추억을 전달한다. 여느 때와 같은 노선의 전차를 타고, 역명이 흘러나오는 안내방송을 듣고, 차창에 비치는 풍경을 보면서, 때때로, 거기서 일어난 개인적인 사건이나 사회적인 사건을 떠올리는 일이 있다. 예를 들어, 나는 통근 도중 열차가 가와사키역을 통과하면 1970년대의 이 역에서 뇌성마비 당사자 운동 단체인 '푸른 잔디 모임'의 사람들이 휠체어 이용자의 승차를 거부하는 버스 회사에 항의해 버스를 점거한 사건을 떠올릴 때가 있다. 그 일을 떠올릴 때, 언제나 경험하는 통근 시간의 가슴은 두근거린다. 생각나는 것은 그러한 사회적인 사건—어쩌면 가와사키역에서 나와 같은 것을 생각하는 사람이 몇 명은 있을지도 모른다—뿐만 아니라 개인적인 사건도 있다. 이 역에서 약속하고 만난 사람, 차창에서 보이는 빌딩에서 미팅한 내용, 저기에 있던 가게의 기억. 그렇게 되돌아보는 것은, 차내에 있는 나 이외의 누구에게도, 각자의 방식으로 일어나는 일이다.

지하철 노선도를 어느 정도 꿈꾸는 듯한 눈으로 봄으로써 얻을 수 있는 개인적 상기의 첫 번째 미덕은, 우리에게 우애의 감정과 비슷한 무언가를 안겨주는 것이 아닐까. 일상적으로 파리의 교통수단을 이용함으로써, 다른 사람들의 역사와 결코 만나는 일은 없지만, 끊임없이 그것이 스치고 있다는 것이 사실이라고 해도(내친김에 이 표현은 러시아워에서는 분명히 완곡한 표현이다), 우리는 그 역사가 자신들의 역사와 그렇게 다르다고는 상상할 수 없을 것이다.[51]

각자가 되짚은 사건은 다른 사람과 공유되는 것이 아니라 어디까지나 개인적인 일이다. 같은 장소에서 생각하는 것은 나와 옆 승객과 거의 겹치는 일은 없다. 오제는 그래서 되짚는 행위는 고독이라고 썼다. 단, 이 고독은 복수의 고독이기도 하다. 나와 마찬가지로 차 안에서 이웃하는 사람들이 똑같이 고독한 삶을 살고 있음을 생각할 때, 고독한 나와 고독한 이웃 사이에 희미한 연대가 생긴다. 오제는 그것을 '고립 없는 고독'이라고 부른다.[52]

철도를 타고 이동할 때 고독한 사람들 곁에서 형은 무엇을 느끼고 무엇을 떠올리고 있을까. 노선도를 읽지 않는 형은 차창의 풍경을 읽으며 목적지로 향했을지도 모른다. 할아버지 댁에 갈 때 찾았던 것은 할아버지의 분위기였고, 벗어진 머리에 남은 부드러운 백발의 촉감이거나 소파의 감촉이나 거기서 꺼내주는 사이다가 목구멍에 안겨주는 자극이었을지도 모른다. 할아버지의 죽음으로 그 많은 일이 사라졌을 때, 그 장소에 형을 오라고 하는 손짓은 없어졌다. 형은 할아버지가 계신 곳에 가지 않음으로써 할아버지의 죽음을 겪고 있을지도 모른다.

아버지와 친척들로부터 할아버지의 임종에 입회할 것으로 기대되었던 나와, 기대되지 않았던 형이 할아버지의 죽음을 경험한 바는 거기까지 상상함으로써 간신히 연결된다. 형은 고독하게 철도를 이동하고 있는 것만은 확실하다. 그 고독은 우리 자신이 안고 있는 근원적 고독과 겹친다.

노선도의 착란 2[53]

예정의 절단, 여정의 접합

2014년 1월 3일 오전 6시 반에 유라쿠초역 선로에서 일어난 화재는 철도 운행표와 함께 우리의 예정을 교란했다. 도카이도 신칸센의 거의 전 노선과 야마노테선, 게이힌 도호쿠선, 도카이도선 일부 열차의 운행이 점심 때까지 멈췄고 역 개찰구 주변과 재개한 열차의 차내 역시 화재로 혼란스러웠다. 아내와 나는 도쿄도 내에 있는 나의 할머니 댁에 가는 것을 포기하고, 처조모가 사는 후쿠이로 향하기로 했다. 한편 형은 어머니와 아버지와 함께 일정을 크게 늦춰 할머니 댁으로 나들이를 하러 갔다. 할머니께 인사를 드리고 집으로 돌아오는 길에 가장 가까운 역에서 형은 또 사라졌다.

나와 아내는 후쿠이까지 가는 노선을 예정과는 다른 시간에 여행하고, 형도 오사카까지 가는 노선을 예정에 없이 여행했다.

1월 4일 밤, 어머니로부터 내게 걸려온 전화는 형이 오사카의 덴노지 경찰서에 있다는 것이었다. 어머니는 나에게 지금 데리러 갈 수 있는지 물었다. 이미 이 시간에 덴노지까지 가는 것은 무리임을 전하자 어머니는 그렇다면 자기가 데리러 가겠다고 했다. 이 시간에 데리러 간다 해도 오사카에서 하루 묵을 수밖에 없다. 그렇다면 나와 아내가 다음 날 이른 아침에 데리러 가는 것이 좋겠다고 내가 말하자, 어머니는 그러면 형은 하룻밤 경찰서에서 보내게 될 것이라고 말했다.

어떻게 하면 좋을까 생각하고 있는데, 순간적으로 내 머릿속이 빠르게 돌아갔다. 형이 보호받고 있는 덴노지 경찰서는 가마가사키에 있는 NPO 법인 '목소리와 말과 마음의 방'(이하 목말마방)의 다방 흉내를 낸 사무실과 가깝다.[54] 목말마방 대표이자 시인인 우에다 씨의 휴대폰으로 전화를 걸자 하룻밤 경찰서에서 지내는 것은 가엾다며 바로 데리러 가겠다고 했다. 나는 어머니에게 전화를 걸어 다음 날 나와 아내가 가마가사키까지 가서 형과 함께 돌아갈 것이라고 전했다. 어머니가 우에다 씨에게 전화해 신원 인수 방법에 관해 이야기했다. 데리러 가는 길에 우에다 씨는, 형이 도우미 일을 하고 있는 가리야사키 씨가 월동투쟁[55]에 참가하기 위해 가마가사키에 있는 것이 생각났다. 우에다 씨가 전화를 걸자, 밤이 되어도 그날의 숙소를 정하지 않았던 가리야사키 씨는, 마침 형과 함께 호텔에 묵기로 했다.

다음 날 나와 아내는 버스와 전철을 갈아타고 목말마방까지 갔다. 후쿠이의 친척집에서 받은 선물을 내놓으면서 다방 손님이나 목말마방 직원들과 밥상에 둘러앉아 설날 귀향길처럼 떡국과 오세치〔일본에서 정월에 먹는 조림 요리—옮긴이〕를 먹었다. 몇 년 전까지, 가마가사키의 월동에 참가하고 있던 나는, 이 해에도 예기치 못하게 월동에 참가하게 되었다.

식후 자리에 있던 사람들과 형이 어떻게 '목말마방'까지 찾아왔는지에 대해 이야기꽃이 피었다. 그러자 그때까지 계속 잠자코 확실히 오세치를 먹고 있던 형은 자신이 화제가 되는 것을 이상하게 생각했는지, 처음으로 "집에 가자"고 중얼거렸다. 너무 제멋대로인 말에, 일동이 활짝 웃었다. 아내와 나, 형과 가리야사키 씨까지 넷이서, 귀성 러시로 큰 혼잡을 빚고 있는 신오사카역에서 자유석에 앉기 위해서 분투하면서 도쿄역을 거쳐 사이타마로 돌아왔다.

해석의 나선

형은 내가 사는 지역 근처 역에서 덴노지로 향하는 어딘가에서 하룻밤을 묵은 뒤 덴노지까지 갔다. 역 근처 타코야키 가게에서 파는 오렌지 주스를 손에 쥐었을 때, 타코야키 가게 주인이 형에게 말을 건넸다. 수상하게 생각한 가게 주인은 사람을 잘 돌보는 사람으로, 형이 길을 잃어버렸다고 생각해 경찰서까지 데려다주었다. 내가 사는 지역의 역에서 타코야키 가게까지 이르는 여정은 분명하지 않다.

이 여행에서도 형은 돈을 들고 있지 않았다. 남에게 길을 묻는 일도 없고, 휴대폰·스마트폰 등도 가지고 있지 않다. 그러니까 스마트폰으로 경로를 검색할 일도 없으니 노선도를 읽을 일도 없을 것이다. 그런 가운데 형이 어떻게 세상을 인식하고, 어떻게 500킬로미터 이상 떨어진 덴노지까지 도달했는지를 생각하면 여러 가지로 사고가 자극된다.

형은 역에서 사라졌다. 그렇다면 적어도 일부 구간은 철도를 이용해 이동했을 것이다. 형이 철도로 오가는 것을 좋아한다는 점을 감안할 때, 모든 이동은 철도로 이루어졌을 가능성이 크다고 추측한다.

6년 전 이맘때, 형은 나와 미누마 논 복지농원 관계자를 대동해 덴노지를 두 번 방문했다. 그때는 목말마방에 가서 우에다 씨도 만났다. 그래서 형이 우에다 씨 등을 만나러 갔다고 하는 것도 생각할 수 있다.

지금까지 형의 나 홀로 여행지는 도내에 있는 할아버지 댁이었다. 할아버지가 돌아가시고 나서는, 도쿄도의 번화가에 가는 일이 많다. 형이 좋아하는 장소—내가 보기에 형이 좋다고 느낄 수 있는 장소라고 하는 것이 정확할지도 모른다—에 가는 일이 많은 것 같다.

지금까지 혼자 여행하면서 서쪽으로 가장 멀리까지 간 곳은 하코네였다. 그때는 나의 외조부모님과 함께 매년 가족여행을 떠났던 호텔까지 가서 그전부터 알고 지내던 호텔 직원으로부터 전화를 받고, 어머니가 마중을 나갔다. 서일본에 가본 적은 없다.

2012년에 개최한 일본 자원봉사학회 기타우라와 대회에서는, 이틀간 모든 프로그램에 참가한 후 폐회 시의 혼란을 틈타 길을 떠났다. 내 직장이 있는 요코하마역 근처의 라면 가게 앞에서 보호를 받았다. 즉, 가족과 관련된 장소나 가족이 화제에 떠올리는 장소에 갈 때가 있다. 그렇다면 새해 첫날 본가에서 나와 만났을 때 신칸센을 갈아타고 후쿠이에 가는 것을 듣고 있었다. 또한 도우미인 가리야사키 씨가 가마가사

세계를 착란하고 세계를 구축하기

키에 간다는 것도, 실제로 그가 형의 도우미 당번이었을 때 들고 있었다. 그렇다면 나처럼 신칸센을 타고 싶어졌을지도 모르고, 혹은 나와 아내, 가리야사키 씨를 만나러 가려고 했을지도 모른다.

그런 식으로 형이 왜 여행했는지, 어떻게 여행했는지를 생각한다. 답을 내놓기 위한 단서는 있어도 답을 내놓을 수는 없다. 애초에 형이 없어진 것은 1월 3일이고, 덴노지에서 보호된 것은 그다음 날이다. 하룻밤을 어디선가 보냈을 터인데, 그곳이 어디인지는 알 수 없다.

형은 멀리 떨어진 곳을, 나와 가족이 생각지도 못한, 그 나름의 방법으로 연결하고, 그 일에 의해서 내가 상식적인 척도로 만들어낸 세계관을 흔든다. 그가 사는 지역 역에서 덴노지까지 선로가 부설되어 있다. 그 최단 경로가 형의 여정 그 자체라고 상상한다. 그러나 선로의 궤도와 실제 여정은 정말 다른 것이다. 도중하차나 환승을 하는 경우도 있고, 열차 운행의 지연과 연착으로 인해 경로의 변경을 피할 수 없게 되는 경우도 있다. 그런데도 우리는 최단 경로가 유일한 여정이라고 착각하고, 그다음에 공간을 이미지한다. 도쿄역에서 신오사카역까지의 여정은 500킬로미터로, 두 시간 반 걸린다고 하는 식으로, 떨어진 장소를 거리와 시간의 질서로 정리해, 이해 가능한 것으로 바꾼다.

다시 말하지만, 궤도와 여정은 정말 다른 것이다. 형이 어떻게 여행했는지는 알 수 없다. 이처럼 별개의 것이기 때문에 알수 없는 것이, 한 사람의 인간 존재의 '고립 없는 고독'을 근원적으로 나타내고 있다고 나는 생각한다.[56]

누가 해주는 것이 아니라, 하고 있다

선로 화재로 철도 운행표는 흐트러졌다. 할머니 댁에서 보낼 설날 가족끼리의 만남은 이루어지지 않았다. 한편 아내 쪽 친척과의 만남은 이루어졌다. 그런 가운데 형이 마음먹고 서쪽으로 여행을 떠나면서, 나는 가마가사키에서 피로 연결된 것은 아니지만, 관계가 있는 사람들과의 만남을 완수할 수 있었다. 형이 보호를 받자 나는 우에다 씨를 생각하고, 우에다 씨는 가리야사키 씨를 생각하고, 이윽고 형을 통해서 나는 우에다 씨도, 가리야사키 씨도 가마가사키에서 만나게 되었다. 원래 예정대로 되지 않았지만 결과적으로 매우 농밀한 여행이 되었다.

여기까지는 지적장애 중년 남성이 실종돼 경찰의 보호를

받고 가족이 데리러간 것으로 정리되는 이야기다. 나는 그것에 만족함을 느끼지 못하고, 형과 가마가사키에서 재회하고 나서 페이스북에 글을 올렸다. 그러자 다양한 사람들이 이 사건에 대해 리액션을 해주었다. 그렇게 공유됨으로써 만난 사람도 있다.

예를 들면 아사다 와타루 씨가 공유한 기사에, 하마마쓰에서 장애가 있는 사람과 아트, 표현을 둘러싼 활동을 하고 있는 NPO 법인 크리에이티브 서포트 렛츠(이하 렛츠) 대표 구보타 씨가 코멘트를 함으로써 나와 구보타 씨는 연결되었다.[57] 형과의 오사카 여행 다음 달, 나는 아내와 규슈를 여행하려 했지만 폭설로 비행기가 뜨지 않게 되어, 행선지를 신칸센으로 갈 수 있는 동해안 지방으로 바꾸었다. 구보타 씨에게 연락을 취해 렛츠를 방문하게 되었다. 구보타 씨는 냄비요리를 만들어주었고, 나와 아내는 렛츠의 활동 공간에 이불을 깔고 하룻밤을 묵었다. 그래서 한 달 전 형의 여행은 폭설에 대비해 어쩔 줄 몰라 했던 우리에게 새로운 여행 목적지를 안겨주는 것이기도 했다.

그렇다면 내가 형의 세계를 해석할 뿐만 아니라 형이 나와 아내의 세계를 해석하고 있다고도 할 수 있다. 돈을 가지고 있지 않은, 그리고 글자도 읽지 않는 형이 덴노지까지 가버린 사건의 이면에, 형 자신이 충분히 알 수 없는, '무언가 엉뚱한 힘'을 느낌과 동시에, 그 '무언가 엉뚱한 힘'은 형의 여행이 끝난 뒤에도 나의 세계를 해석해 구축해간다.

폭력의 흔적

그러나 '무언가 엉뚱한 힘'이 긍정적인 결과만을 가져오는 것은 아니다. 누구나 자유롭게 살 수 있는 것이 아니라 여러 압력과 비난을 받으며 살 수밖에 없다.

오제는 지하철의 규칙성이 사람들의 행동을 규제하는 것에 관해 말한다.

만약 각자가 지하철에서 '자기 삶을 살고 있다'고 해도 이 삶이 완전한 자유 속에서 이루어지는 것이 아님은 완전히 분명하다. 그것은 단지 완전한 방법으로 살 수 있는 자유 따위가 사회에 있을 수 없기 때문만이 아니라, 더 정확하게 말하면 지하철 운행이 가진 코드화되고 질서 있는 성질이 모든 사람에게 몇 가지 행동을 강제하기 때문이기도 하다. 이러한 행동에서 일탈하면, 공적인 압력이나 다른 이용자로부터 비난을 받아(이 비난은 유효한 경우도 유효하지 않은 경우도 있지만), 처벌받을 위험을 무릅쓰게 될 것이다.[58]

지하철의 규칙성은 사람들의 행동을 규제함으로써 그에 따르는 사람들의 공동체를 만들어낸다. 사람들은 그것에 따름으로써 쾌적한 이동을 할 수 있고, 그 쾌적한 이동을 통해 자기다운 삶을 만들어낸다. 거기에서 벗어날 수도 있지만, 그것은 압력이나 비난에 노출되는 위험과 동전의 양면 같은 관계다. 형의 여행은 상식적인 이동의 이미지를 넘어서는 것으로, 나와 내 주위 사람들을 열광시켰다. 형의 여행은 부정적인 힘에 노출되는 것과 종이 한 장 차이이기도 하다.

형의 여행 뒤, 나와 내가 연결된 사람들의 열광을 목도하며 어머니는 다음과 같이 썼다.

그 한 사람의 오사카행에 대해 몇몇 사람이 이야기하고 있다. 사실과 사실로부터 '상상'한 것과. 모두, 좋은 사람들과 만나 무사 귀환, 같은 느낌이지만……. 가장 좋았던 '사실로부터의 상상'은 '형이 남동생 부부를 걱정해서 오사카까지 와주었다'였다. 그가 돌아왔을 때 오른쪽 무릎

바깥쪽에는 붉게 부어오른 큰 찰과상이 있었다. 세상에 착한 사람도 있지만, 상처를 주는 사람도 상냥하지 않은 사람도 있다. 말해지지 않는 것 속에도 진실은 있다는 것을 말해지지 않은 쪽은 어떻게 전할 수 있을까.

찰과상이 생생히 남아있는 것은 열광하는 주위에 찬물을 끼얹는다. 알 수 없음 속에 폭력의 존재가 예감된다.

그래도 형은 혼자 여행을 떠난다.

그러니 말도 안 되는 힘을 발휘하는 것은 형 자신이지 나와 주변 사람이 아니다.

세계를 착란하고 세계를 구축하기

트레인-트레인

TRAIN-TRAIN

중학교 때 형의 동창이 록밴드 카세트테이프를 우리 집에 가져다주었다. 테이프에는 'RC 석세션'도 있었지만 무엇보다도 '블루하츠'였다. 형은 블루하츠의 카세트를 반복해서 듣고, 때론 손을 흔들고 소리를 지르며 펄쩍펄쩍 뛰었다. 큰 음향으로 나오는 블루하츠가 그리 넓지 않은 단지의 집 안에 울려 퍼졌다. 같은 집에 살고, 같은 방에서 자던 나는 형과 함께 블루하츠를 듣고 있었다.

지금 블루하츠의 곡을 들으면 당시 일어난 일이라든지, 압도당하는 것처럼 느낀 단편이 가끔씩 떠오른다.

〈린다 린다〉는 시궁쥐의 아름다움을 노래한다.[59] '시궁쥐'라는 말이 들리자 나는 동네의 개골창을 떠올리며, 중학교에서 돌아오는 길에 어쩐 일인지 형이 시궁창에 들어가 있던 모습을 떠올린다. 형이 스스로 들어갔는지, 누군가에 의해 거기에 들어갔는지는 확실하지 않다. 그때 왜 거기에 있었는지는 기억나지 않지만, 시궁창 강가를 걷고 있었던 나는 형이 학생복 차림으로 시궁창에 들어가 있는 것을 보았다.

내가 초등학교 4학년 때 블루하츠의 〈트레인-트레인〉을 주제가로 하여 사이토 유키 주연의 드라마 〈고등학교 낙서〉가 방영되었다. 조숙한 동급생은 그것을 교실의 화제로 삼았다. 조숙하지 않았던 나도 어머니와 함께 그 드라마를 보았다. 마침 그 방송이 나오던 시절, 형은 2년째 고등학교 시험을 치렀고 또 불합격했다. 수험한 고교의 교사들과의 교섭이나 현 교육위원회와의 교섭이 있어, 나도 본의 아니게 자주 거기에 갔다. 학교든 현청이든 무언가 큰 힘을 가진 것에 맞서 형은 달렸고, 어머니나 아버지도 달렸고, 그 질주하는 느낌은 이 곡이 그리는 것과 겹치는 듯 느껴졌다. 내 말로 잘 표현할 수 없는 것을 이 곡이 표현해주는 것처럼 느꼈다.

중학교 때 형은 매일 학교에 다녔다. 심한 괴롭힘을 받던 시기, 장애아는 특수학교에 가야 한다고 하는 강한 신념을 가진 중학교 1학년 때 담임선생님으로부터 날마다 전학을 강요당하던 시기도 있었다. 그 두 시기는 겹치기도 한다. 동급생의 괴롭힘과 본래 여기 있어서는 안 된다는 담임교사의 지도는 서로를 배반하는 관계였다고 할 수 있다.

그래도 형은 졸업할 때까지 매일 학교에 다녔다. 그 전에 수험한 고교의 문은 닫힌 채로 열다섯 살 재수생이 된 형은, 어머니와 함께 전단 나눠주기나 우유갑 회수와 종이 거르기를 하면서 고교 진학을 계속 목표로 했다. 그 일상 속에서 블루하츠의 곡들은 우리 집 안을 맴돌았다. 여의치 않은 일상을 끈질기게 계속하면서, 어딘가에서 그것이 호전되기 위해서 승부를 거는 것. 펑크 록이라는 것을 나는 그런 것으로 이해했다.

가끔 형은 어디론가 나갔다. 〈트레인-트레인〉이 형을 여행하도록 유도하는 것처럼 느껴졌다. 지금도 형이 어디론가 가버릴 때, 나는 〈트레인-트레인〉 음악과 함께 형이 여행하고 있는 모습을 떠올린다.

야생의 사고

사춘기에 접어든 나에게 형의 수험과 관련해 일어난 운동은 그동안의 일상을 크게 바꾸는 것이었다.

　나라 밖은 냉전이 종결될 무렵이었고, 일본 국내에서는 쇼와 시대가 끝날 무렵이었다. 어지럽게 변화해가는 가까운 풍경이나 시대의 풍경이 소년의 감성을 자극해, 그것이 나의 세계를 둘러싼 사고를 형성했다. 마찬가지로 아찔하게 변화하는 상황 속에서 형의 감성도 자극받아 그의 세계에 관한 사고를 형성해갔을 것이다. 그렇게 형성된 그의 세계를 둘러싼 사고는, 말이라는 형태를 띠지 않고, 손으로 하는 일이나 도약, 외침, 질주 그리고 여행이라는 형태로 나타난다.

　클로드 레비스트로스는 야만인이나 미개인으로 여겨져 온 사람들이 자연에 대해 풍부한 지식을 갖고 있다는 민족지적 사실을 이야기한다.

　예를 들어 필리핀의 네그리토·피나츠보족 남자는 누구라도 식물 45종, 조류 75종, 뱀·물고기·곤충·포유류의 거의 전부, 또는 개미 20종의 명칭을 말할 수 있었다. 류큐열도 어느 지역의 아이는 목재의 작은 조각을 보는 것만으로 그 나무를 특정할 수 있을 뿐만 아니라, 현지인이 생각하는 식물의 성별로 그 나무의 암수를 구별했다. 그 식별은 목질부나 가죽의 외관, 냄새, 단단함, 그 밖의 특징을 관찰함으로써 이뤄진다.[60]

이처럼 지나치게 풍부한 지식의 목적은 실용성이 아니다. 그것은 물적 욕구를 시키기 전에, 혹은 물적 욕구를 충족시키는 것이 아니라, 그들의 지적 욕구에 대답하는 것이다.[61] 자연의 풍부한 차이가 인간의 감성을 자극해, 그 사고 능력을 구동시킴으로써, 단순히 기능성이나 유용성으로 환원되지 않는 형태로의 지식 체계를 만든다. 그것은 요리이며, 혼인이며, 신화이며, 종교이며, 근친상간이나 카니발리즘이라는 금기다.[62]

블루하츠가 만들어낸 음악은 마치 자연의 풍부한 차이로서, 형과 나의 감성을 자극해, 그 사고 능력을 사건 속에서 구동시켜 간다. 그것을 말로, 논리로 설명하려는 나에 대해 형은 그것을 몸이나 몸짓, 목소리나 동작, 일로 나타낸다.

형의 행위를 물적 욕구로 보는 것도, 물적 욕구조차 없는 비정상적인 행동으로 보는 것도 '비장애인'을 자인하는 사람의 오만에 지나지 않으며, 거기에 지적 욕구—앎에 대한 용기—를 읽었을 때 우리는 동일한 종류의 인간의 다양성이라는 것을 진정한 의미로 이해할 수 있다.

야생의 사고는 형에게서 질주/실종으로 나타난다.

윤곽을 만드지 않는 선

싯소는 윤곽을 만들지 않는다. 들뢰즈는 다음과 같이 말한다.

우리가 '지도'라든가 '다이아그램'이라고 부르고 있는 것
은, 동시적으로 기능하는 다양한 선의 집합을 말한다(그러
므로 손금의 선도 하나의 지도가 되는 것이다)고. 실제로 정
말 다양한 유형의 선이 있는데, 게다가 그것을 예술에서
도, 하나의 사회 속에서도, 한 인간 속에서도 발견할 수 있
다. 무언가를 (구체적으로) 표상하는 선도 있고 추상적인
선도 있다. 조각segment을 가지는 선도 있는가 하면, 조각
을 가지지 않는 선도 있다. 크기를 나타내는 선도 있고 방
향을 나타내는 선도 있다. 또 추상적이든 아니든 상관없지
만, 윤곽을 만드는 선도 있고 윤곽을 만들지 않는 선도 있
다. 그런 선은 아름답다.[63]

들뢰즈는 선이란 사물과 '사건'의 구성요소라며 "그러므로
어떤 사물에도 고유의 지리가 있고 고유의 지도학이 있으며
다이어그램이 있다"고 한다.

정월에 형이 서쪽으로 향한 여행도 다양한 사물과 '사건'을

맺는다. 그것은 연하의 인사나, 신칸센의 노선 화재, 가마가카 시의 아트 NPO, 덴노지 경찰이기도 하다. 그것을 나열해봐도 공백 부분이 너무 많아 여행의 윤곽을 그려낼 수 없다. 여행의 시작점과 여행의 종점만이 뚜렷한 윤곽이 없는 선이다. 길든, 상식적인 사고가, 예를 들면 '장애인'이나 '자폐인'라는 어휘 꾸러미로 틀을 만들어 의미를 부여하려고 하는 그 힘을 빠져 나가게 한다.

그리고 오른쪽 다리 무릎의 찰과상이다. 일탈은 압력과 비난, 그리고 탄압과 폭력을 불러 모은다.

2020년 봄 일본에서 신종 코로나바이러스 감염증이 확산하는 와중에도 형은 몇 번인가 사라졌다. 그런 가운데 내가 느낀 불안은 형이 코로나바이러스에 감염되는 것만이 아니었다. 대부분의 경우 형은 마스크를 쓰지 않고 대중교통을 이용해 도심으로 나간다. 형이 코로나에 감염되는 것은 물론 큰 불안이었다. 그러나 그 이상으로 불안했던 것은 코로나바이러스에 대해 느끼는 사람들의 두려움이 고스란히 형에게 향한다는 것이다. 적어도 나에게 있어 코로나바이러스의 공포는 감염되는 것 그 자체뿐만 아니라 감염되었을 경우 향하게 되는 비난이나 분노였다. 그래서 자신의 행동을 규제했고, 또 자신의 행동의 많은 부분을 남들에게 말하지 않게 됐다. 형이 코로나바이러스에 감염돼 누군가를 감염시킬지도 모른다는 불안감을 안았을 때, 거기에 있는 것은 동정이 아니라 적의가 아닌가 하고 느꼈다.

이때 내가 품었던 불안과 연결되는 것을 형의 도우미가 말했다.

형의 도우미를 맡는 이들의 첫 번째 불안감은 형과 함께 쇼핑을 갈 때 그가 큰 소리를 내는 것이다. 그에게 향하는 눈빛을, 도우미는 자신에게 향하는 것으로 느낀다. 그게 괴롭다. 그래서 큰 소리를 내지 않도록 하거나 혹은 큰 소리를 내는 것 자체를 다른 형태로 이해하려고 한다. 그 사람은 음악 활동을 하고 있으며, 자신도 가끔 큰 소리를 낸다. 그래서 그런 것으로 이해했다.

그런 그가, 형에 대한 사람들의 시선이 바뀌고 있는 것을 깨달은 것은 2021년 8월 오다큐선 차 내에서 일어난 무차별 자상刺傷 사건 뒤의 일이다. 여성을 집요하게 찌르고, 소 잡는 칼을 휘둘러 많은 사람에게 상처를 준 일이, 승객이 도망치는 모습을 스마트폰으로 찍은 영상과 함께 보도되었다. 쇼핑몰에서 쇼핑하고 있을 때 형이 큰 소리를 내자 돌아보는 사람들의 시선에는 두려움이 있었다. 그것은 그 사건으로 높아진 불안에 의한 것이라고 그는 느꼈다. 그때 형은 사회가 지켜져야 할 '장애인'이 아니라 사회에 불안을 주는 '가해자'로, '적'으로 치부됐다.[66]

그래도 형은 싯소한다. 그것을 들뢰즈처럼 단지 '아름답다'고 말할 용기는 나에게 없다. 이는 폭력이나 차별에 대치하는 사람들의 싸움을 단지 '아름답다'고 말할 수 없는 것과 통한다.

고독하지만 고립되지 않은 질주

2021년 3월 28일 새벽 거리에서 형은 달렸다.

두 번째 긴급사태 선언이 해제된 지 일주일이 채 안 됐을 때다. 그런데도 감염자는 생각만큼 줄어들지 않았고, 다양한 활동 규제는 계속해서 요구되고 있었다. 그 무렵 1년 연기된 도쿄 올림픽 성화 봉송은 길가에 많은 관중을 모아놓고 말없이 깃발을 흔들기만을 기대하고 있었다.

너무나 비정상적인 일상 속에서 마스크를 쓰지 않은 지적 장애인이 가끔 큰 소리를 내며 새벽 거리를 달렸다. 우리 사회는 공생 사회와 인크루전inclusion, 장애인 아트, 농복農福 연계…… 그런 말로 장애가 있는 사람을 사회 안쪽에 두려고 하면서, 급기야 다 안을 수 없으면 밖으로 내던져 적으로 단죄한다. 그 하나의 극점이 도쿄올림픽이라는 어리석은 축제였다고 나는 생각한다. 긍정적인 말로 묶이는 것도, 부정적인 언어로 잘려나가는 것도 아니고 그냥 세차게 흐른다. 달린다. 동분서주한다.

빚꽃이 활짝 핀 그 밤의 풍경이야말로, 옛 가도를, 번화가의 로터리를, 신사의 숲 앞을 달려가는, 부리나케 빠른 걸음이야말로 내가 지금 말해주는 것의 전부인 것 같다.

과연 형은 어디로 향했을까.

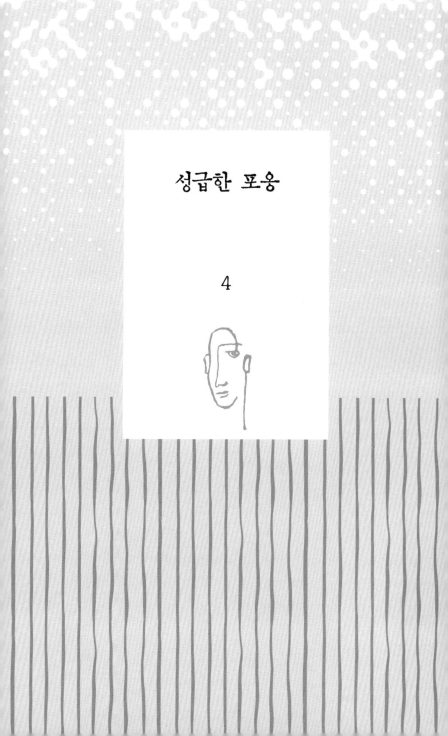

성급한 포옹

4

아버지와 염소 아저씨

염소 씨의 죽음

일본 사회에서 신종 코로나바이러스가 '요코하마항에 정박한 크루즈 선안' 문제처럼 다뤄지던 2020년 2월 10일, 야기시타 고이치 八木下浩一 씨가 세상을 떠났다.

야기시타 씨는 사이타마의 장애인운동 선구자 가운데 한 사람이며, 나에게는 고향에 있는 어른의 한 사람이었다. 야기시타 씨는 모두에게 친밀감이 담긴, '염소 씨'〔일본어로 '야기ヤギ'는 '염소'라는 의미가 있다—옮긴이〕라고 불렸다. 나도 어느새 야기시타 씨를 '염소 씨'라고 부르게 되었다.

내가 염소 씨를 처음으로 그립다고 생각한 것은 스무 살 무렵의 일이다. 나는 무엇인가를 찾아 우즈베키스탄 사마르칸트까지 혼자 여행을 했다. 하지만 딱히 이렇다 할 감동을 기대했던 만큼 얻는 것은 없었고, 그저 시간만 흐르고 있었다. 그럴 때 묵고 있던 숙소에서 알게 된 파키스탄에서 온 행상인에게서 "너는 이런 곳까지 여행을 하는데 네가 사는 곳은 아무것도 없는 건가?"라는 말을 들었다. 나는 내가 있는 곳을 돌아보았다. 떠오른 얼굴 속에는 염소 아저씨가 있었다. 그들/그녀들을 나는 얼마나 알고 있을까 생각했다. 귀국하면 그들을 만나러 가보려고 마음먹었다. 생각해보면 그 무렵에 복지농원이 개원했다.

어릴 적 가족끼리 나눈 대화에 염소아저씨의 이름은 자주 등장했다.

'염소 씨'라는 말을 듣고, 처음에는 '음메에에' 우는 염소의 모습을 상상하고 있었다.

막상 만나보니 깡마른 맨머리의 안경을 쓴 중년 남성이었다. 어머니나 다른 어른들도 '염소 씨'라고 불렀지만, 아버지만큼은 '염소 씨'라고 부르는 일은 거의 없고 '야기시타'라고 불렀다.

염소 씨의 부고를 받고 생각했다. 2월 13일부터 2월 15일까지, 나는 구조시와 간사이에 출장을 갈 예정이었다. 염소 씨의 발인 전날은 2월 14일로 구조시를 점심이 지난 시간에 나오면 빠듯하게 조문을 할 수 있다. 영결식에는 참석하지 않고 다음 날 아침 오사카로 향하면 된다. 나는 두 여행을 분리해서 생각했다.

출장지인 구조시로 떠나는 아침, "내일은 염소 씨 조문에 갈 것이기 때문에, 상복을 가지고 가지 않으면 안 된다"고 아내에게 말했더니 당시 세 살배기였던 둘째 딸이 "아이짱은 토끼와 말이 있는 곳에 가고 싶다"고 대답했다. 실제로 둘째 딸과 염소 씨가 만나지는 않았지만, 이렇게 염소 씨를 염소 씨라고 생각하는 심성은 다음 세대에 계승되어 갈 것이라고 생각했다.

염소 씨가 있는 식탁

염소 씨는 가끔 우리 집에 와서 우리 가족과 저녁을 먹었다. 뇌성마비로 지체장애가 있는 염소 씨가 빨대로 맥주를 마시고 있는 모습을 소년 시절의 나는 이상하다는 듯 바라보았다.

아버지나 어머니나 형은 염소 씨와 술을 마시고 이야기를 나누었다. 뜨겁게 논의하기도 하고 함께 웃기도 했다. 언어장애가 있는 염소 씨의 말은 나로서는 알아듣기 어려웠다. 그때는 형의 고등학교 입시가 시작될 무렵으로 세 사람은 특수학교가 어떤 곳인지에 관해 이야기하고 있었다. 나는 사회과 교과서의 부교재 중에 내가 사는 지역 지도에 특수학교가 실려 있던 것이 생각났다. 그 일을 아버지와 어머니에게 말했더니, 염소 씨가 "그래?" 하며 나에게 물었다. 염소 씨의 질문을 받으리란 생각은 못 해서, 나는 대답을 할 수 없었다.

형이 고등학교 입시에 불합격한 것을 두고 형과 마찬가지로 불합격한 지적장애인이나 그 가족과 함께 운동이 일어났다. 성인 장애인이나 그 지원자도 운동에 합류했다.

그 절정이라고 할 수 있는 순간은 1988년 5월 사이타마현청 지사실을 며칠에 걸쳐 점거한 사건이다.[65] 나는 학교를 쉬고 거기에 참가했다. 불합격한 아이의 부모들의 눈물 섞인 이야기가 있고, 성인 장애인들이 학교에 가지 못한 것에 대한 비통한 외침이 있고, 그리고 교섭 상대였던 교육당국 직원들이나, 점거한 사람들을 배제하려고 하는 관재과를 향해 외치는 분노가 있었다. 그 와중에 웃음이 있었고, 쑥덕공론이 있었다. 마지막 밤에야 찾아온 교육감에 대해 아버지와 어머니, 다른 가족, 어른 장애인들이 자신들의 주장을 말했다. 사이타마의 장애인 당사자 운동의 대표적인 투사인 염소 씨는, 언어장애가 있는 사람의 이야기를 흘려들으려는 교육장에게 달려들어 소리쳤다. "내 이야기를 진지하게 받아주세요. 이런 사태가 왜 일어났는지 아세요? 장애인의 말을 듣지 않는 거야. 안 들어도 좋다고 생각하면서 차별을 한 거야."

그렇게 격앙된 어른들 곁에서 나는 불안과 느긋한 기분을 함께 품고 며칠을 보냈다.

사춘기가 되자 나는 장애인운동에 관여하지 않게 되었다. 형과 부모님은 현립 고등학교 정시제를 목표로 운동을 계속하면서, 형이나 동료가 일하는 장소를 만들기 위해서 분주했다. 나는 내 생각만 하고 있었다. 그래도 중학교에는 여섯 살 위의 형을 아는 교사도 있었고, 동급생 대부분은 형의 존재를 알고 있었다.

고등학생이 되자 동급생에게는 형의 존재를 아는 사람이 없어졌고, 나와 사이타마 장애인운동의 거리는 점점 멀어졌다.

고향에서 온 손님들

오사카의 대학에 들어가 스무 살이 될 무렵부터 현지 사이타마의 장애인운동에 또 관여하게 되었다. 우즈베키스탄에서 중국에 이르는 여행에서 돌아왔을 무렵의 일이다.

당시 사단법인 사이타마장애인자립생활협회에서는 전국 교류 사업을 하고 있어 사이타마의 장애인들이 내가 사는 오사카에도 찾아와 장애인 해방에 힘쓰는 단체와 교류했다. 나는 오사카에서 합류해, 어릴 적 만나고 있던 사람들과 재회했다. 당시부터 잘 아는 사람도, 처음 보는 사람도 있었지만 어쨌든 고향에서 온 그리운 사람처럼 느껴졌다. 그중 하나가 니시 씨였다. 어른이 되어 그들과 행동을 같이하고 술을 마시고 이야기를 나누다 보니 옆에서 바라보기만 하던 사람들이 훨씬 가까워졌다. 그들도 어린아이였던 내가 컸다는 것에 놀라며 나를 귀여워해주었다.

그들과 함께 오사카의 장애인운동 하는 분들과 교류했을 때, 염소 씨가 전국적으로 보면 꽤 대단했다는 것을 깨달았다. 다치이와 신야立岩真也 씨가 쓴 장애인운동의 역사를 읽으면서, 전장련(전국장애자해방운동연락회의)의 창설 멤버인 염소 씨나, 장애자인문제의 종합 잡지 〈산들바람처럼 거리에 나가자〉편집장이었던 고노 히데타다河野秀忠 씨의 악우惡友로서의 염소 씨를 알았다.[66] 한편 사이타마에 돌아가서 염소 씨의 이야기를 하다 보니 염소 씨가 만감을 담아 싸웠을 이십 대 후

반일 때의 초등학교 취학 투쟁에 대해 염소 씨의 숙적인 우리 아버지나, 염소 씨의 남동생 제자·부하들로부터, "어른이 되고 나서 초등학교에 들어가다니 어딘가 미쳤지"라든가 "자신의 반 친구들과 놀고 있었는데 갑자기 염소 씨가 나타나서 곤란했다"라든가 어딘가 싸늘하게 또 어딘가 따뜻한 이야깃거리로 자리 잡았다.[67] "그 녀석의 장애는 성격이 나쁜 것뿐이야"라고 아버지는 자주 이야기하고 있었다.

어른이 된 나는 염소 씨와도 술을 마시고 이야기하게 되었다. 염소 씨는 "요만큼이나 작았는데 말이야"라고 말하면서, 내가 성장한 것을 기뻐해주었다.

두 사람의 투쟁[68]

"부모가 가장 큰 차별자"라고 외치는 염소 씨는 사실 누구보다 자기 어머니에게 고개도 들지 못하는 마마보이였다. 반면 학생운동을 경험한 아버지는 장애인운동 관계자로부터 "저 사람은 부모가 활동가가 된 것이 아니라 활동가가 부모가 된 것"이라는 평을 들었고 그래서 자주 부딪혔다.

우리 집에서, 맥주를 마시고 술에 취한 염소 씨가 택시를 타고 돌아간다고 하니, 아버지의 말을 듣고 그의 어깨를 부축하면서 택시를 탈 때까지 배웅한 것은 내가 중학생이 되었을 무렵이었을까. 우리 집이 있는 층에 서는 엘리베이터는 없었고, 당시 아직 걷고 있던 염소 씨와 난간이 없는 계단을 천천히 내려갔다. 당시 아버지는 운동의 방침을 둘러싸고 염소 씨에 대해 몇 번이나 화를 냈고(형의 고등학교 입시는 4년 넘게 계속되고 있었다), 염소 씨 집에 전화를 걸고 그의 제자·부하들에게 전화를 걸어, 호통치면서 장시간 이야기하고 있던 것을 잘 기억하고 있다. 그 무렵은 내가 장애인운동에 관여하지 않았을 무렵으로, "저렇게 또 하고 있구나" 생각하면서 나 자신과 형의 방으로 돌아왔다. 그렇다고 해도 좁은 집이어서 아버지의 목소리가 새어 나왔다.

우리 집에 불러서 같이 술도 마시는 사이인데, 전화기 너머로 옥박지르곤 하는 두 사람의 관계를 당시에는 잘 이해할 수 없었다.

언어장애가 있는 사람의 말은 알아듣지 못할 때가 있지만, "야기시타의 말만큼은 어떤 말도 알아들을 수 있구나"라고 아버지는 자주 말했다.

내가 대학원에 진학한 2001년의 학교교육법 시행령 개정 문제[69] 때는, 염소 씨와 아버지는 둘이서 사이좋게 나가타초의 국회의원회관에 가서 문부과학성과의 교섭에도 참가했다. 염소 씨가 소리를 지르면서 문부과학성 관료에게 달려들고, 아버지가 적당한 곳에서 염소 씨를 제지해, 데이터를 보여주면서 몰아붙인다. 두 사람의 호흡이 딱 맞아떨어지는 순간이었다. 협상 후 의원회관 식당에서 초밥을 먹고 맥주를 마셨다. 아버지는 염소 씨의 식사 도우미 역할을 맡고 휠체어를 밀고 기차를 타고 염소 씨 집까지 돌아갔다.

형의 조사 弔辭

출장지에서 돌아오는 버스를 잘못 타서 염소 씨의 영결식 전날에는 늦게 참가했다. 많은 사람이 이미 돌아갔지만 아버지는 아직 남아 옛 친구와 술 한잔하려 했다. 추억담을 이야기하는 동안에 나는 간사이에 가는 출장을 취소하고, 다음 날의 영결식에는 참석해야 한다고 생각하기 시작했다.

영결식에는 형도 참석했다. 형은 나보다 훨씬 염소 씨와 인연이 깊었고 염소 씨의 맨머리를 만지는 것을 좋아했다. 현과의 교섭에서 관리에게 달려들어 화를 내고 고함을 지르고 나서 자리에 앉은 염소 씨의 맨머리를, 형은 그 감촉을 즐기면서 쓰다듬고 있었다. 염소 씨도 형이 쓰다듬는 것에 몸을 맡겼다. 나에게는 형이 머리를 쓰다듬고 있는 그 모습이 '염소 씨'라는 호칭을 가장 상징한다. 더 나아가 나에게 고향이라는 것의 모습을 가장 상징한다. 혈연관계가 있는 형이, 혈연관계가 없는 염소 씨와 부드럽게 어울린다. 그 건너편에 현청 사람들이 있고, 이쪽과 저쪽에서 피가 통하는 말을 나누려고 서로 다그치고 있다.

장례식이 끝나고 염소 씨를 태운 영구차가 장례식장을 떠날 때, 형은 "에에에에에에에 에잇" 하고 소리쳤다. 고시엔〔고교야구대회—옮긴이〕경기가 끝난 뒤의 사이렌처럼. 형 나름의 작별 인사라는 것을 주위에 있던 사람들은 모두 이해하고 있었다.

2017년에 잡지 《현대사상》에서 염소 씨의 인터뷰가 기획되었을 때, 내가 직접 인터뷰를 한다고는 별로 생각하지 않았다. 연구 동료가 그 역할을 맡게 되어, 염소 씨의 중요한 말을 끄집어냈는데, 그때, 나 자신도 따라갔어야 했다고, 후회한다.[70] 염소 씨와 조용히 이야기할 생각도 하지 못한 채, 고향의 그리운 사람은 세상을 떠났다.

염소 씨가 죽은 다음 해인 2021년 추석 무렵, 아버지가 우리 집에 저녁을 먹으러 왔다. 그해 형이 매년 참가하던 여름 여행이 취소됐다. 여행을 주최해온 고시가야·가스카베에서 활동하는 장애인 단체 '짚신 회' 사람들로부터 아버지에게, 형을 여행에 보낸 입장에서 추억을 말해주었으면 하는 연락이 있었다. 나는 아버지에게 스마트폰 카메라를 들이대고 추억을 물었다. 아버지는 "항상 즐겁게 배웅했어요. 본인은 기차 이동이 많아 즐거웠던 것 같습니다"라고 대답했다. 이어 나는 "올해 여행이 없어진 것에 대해 한마디"해달라고 청했다. 그러자 아버지가 쓸쓸하게 말했다. "이것도 저것도 아니게 죽어버렸어. 그렇게 생각하고 있어."

여행이 '없어진 것'에 대해 말해야 할 아버지는, 어느 순간 1년 전 염소 씨가 '세상을 떠난 일'에 대해 이야기하고 있었다.

그날 낮에 아버지는 병원으로 긴급 이송되었다. 코로나 다섯 번째 파도가 덮칠 무렵의 일이다.

잠자는 아버지

여름방학의 긴급 사태

2021년 초등학생이 되고 첫 여름방학, 큰딸은 와카바 학원
에 다녔다. 와카바 학원은 학원이라는 말에서 우리가 이미지
로 떠올릴 수 있는 곳과 거리가 멀다. 학원은 운영자이기도 한
후지모토 씨가 아내 미노 씨와 함께 사는 집이다. 담쟁이덩굴
이 얽힌 집 문은 대체로 열려 있다. 현관에는 아이들의 샌들이
놓여 있다. 미노 씨와 후지모토 씨의 개인실, 그 옆에 주방과
식당이 있고 책이 진열된 계단을 올라가면 교실이 되는 방이
있다. 책상과 의자가 있는 방과, 밥상이 놓인 방이 있다. 교재
뿐 아니라 만화와 퍼즐, 장기, 낡은 컴퓨터, 거북이 골격 표본

이 곳곳에 놓여 있다. 에어컨은 없고, 창문이 활짝 열린 채로 있고, 주황색 업소용 대형 선풍기가 돌고 있다. 여기에 다니는 아이들은 퍼즐을 맞추기도 하고 만화책 보기도 하고 공부도 한다. 고양이들은 이 집 안팎을 자유롭게 오가고 있으며, 정신을 차리고 보면 아이가 나타나 학원 관계자가 아이들을 돌보고 있다.

큰딸은 학원에 다니면서 컴퓨터 자판을 치는 법을 배워, 작문을 할 수 있게 되었다. 그것은 곧 로마자 알파벳을 익힌 것이기도 하다(일본은 로마자 알파벳을 기반으로 한 자판체계를 기본으로 하고 있다—옮긴이). 후지모토 씨는 "학교에서는 알파벳을 외우고 나서 자판을 치는 방법을 가르치지만, 순서가 반대야. 우선 글을 쓰고 싶은 욕구가 있으면 자연스럽게 알파벳도 외워버리거든" 하며 내게 설명했다.

큰딸은 그렇게 컴퓨터나 퍼즐을 가지고 놀고 학원 앞 공원에서 거북이를 산책시키기도 했다. 때로는 네 살 된 둘째 딸도 함께 참석했다. 둘째 딸은 와카바 학원의 혼돈된 공간을 사랑했다.

아버지의 '케어 매니저'로부터 긴급 전화가 온 것은, 와카바 학원에 큰딸과 둘째 딸, 막내아들 세 명을 데리고 간 날의 일이다.

아침에 도우미가 집에 들어가 보니 심하게 코를 골면서 아버지가 잠이 들어 있었다고 한다. 도우미는 이름을 여러 차례 부르며 몸을 흔들었지만, 아버지는 일어나지 않았다. 도우미로부터 연락을 받은 케어 매니저도 집으로 달려갔다. 의식이 돌아오지 않을 것을 걱정한 케어 매니저가 내게 전화를 걸어 구급차를 불러도 되겠느냐고 물었다. 전화 너머의 케어 매니저의 목소리 뒤에서, 아버지에게 말을 거는 도우미 목소리가 들렸다.

도쿄올림픽이 며칠 전 폐회했을 무렵의 일이다.

당시는 델타변이를 중심으로 한 신종 코로나바이러스 다섯 번째 파도로 의료자원 부족 사태가 언론에서 무성하게 터져 나오던 시기, 그리고 1년 뒤에는 까맣게 잊혔지만 네 번째 긴급사태 선언이 발령되던 시기이기도 하다. 일어나지는 못하지만 숨은 쉬고 있다는 말을 듣고, 나는 아버지의 코골이 소리가 옛날부터 몹시 크다는 것을 설명했다. 나는 구급차를 부르는 것을 망설였다. 그럼에도 '만약의 일도 있을 수 있으니까'라고 말하는 케어 매니저에게 등 떠밀려 구급차를 불러 달라고 부탁했다.

다행히 구급대에는 연락이 닿았다고 한다. 구급대로부터

성급한 포옹

전갈을 받은 케어 매니저가 병원에 함께 가줄 수 있는지 나에게 물었다. 아내는 일하러 가 있었다. 후지모토 씨는 오전 중에 돌아오기로 되어 있던 두 딸을 저녁까지 맡아주겠다고 했다. 막내아들을 데리고 가도 되는지 구급대에 확인을 받고 나는 차를 몰았다.

파자마를 입은 두 사람, 간호사의 미소

아버지가 이송된 병원은 코로나바이러스에 감염된 중증 환자를 받는 병원이었다. 아버지의 지병인 주치의가 있는 병원이기도 해서 이곳이 이송처로 정해졌다. 병원에 도착하자 접수처로 긴급 이송된 아버지의 위치를 물었다. 막내아들을 데리고 아버지가 이송된 병동까지 가서 접수처에서 지시를 받은 입구를 통해 안으로 들어갔다. 거기에 있던 직원으로부터 아버지의 상황을 들었다. PCR 검사를 포함한 여러 검사를 했지만 심각한 문제는 없었고 곧 퇴원할 수 있다고 했다.

우리는 대기실로 안내되었다. 대합실은 사람이 없었다. 뒤돌아보니 본래의 입구가 있었고, 안쪽을 향해 '감염 위험 구역 진입 금지'라고 쓰여 있었다. 대합실 건너편에는 긴박한 모습의 의사와 간호사들이 있었다. 그 모습을 보고, 이 병동 안쪽에서 이루어지고 있는 일들을 상상했다. 그야말로 긴급사태 선언을 상징하는 자리에 둘 다 반바지와 티셔츠 차림의 중년과 두 살배기 아이가 있다.

잠시 후 나는 아이가 대변을 본 것을 알아차렸다. 그를 화장실까지 데려가서 급하게 상황을 확인해보니 바꿀 타이밍을 놓친 아이의 기저귀는 터져서 바지가 엉망이 되어 있었다. 갈아입을 옷으로 가져온 바지를 급히 갈아 입혔다.

잠시 후 아이가 입고 있는 것은 잠옷이라는 것을 깨달았다. 갈아입을 바지를 내가 잘못 들고 온 것이다.

잠옷을 입은 막내는 대합실을 제 세상인 양 거리낌 없이 걷기 시작했다. 나는 가방에 넣어두었던 다케다 린타로武田麟太郎의 《만연하는 도쿄: 도시 저변 작품집》을 읽으면서, 때때로 병동 안쪽에 들어가지 않도록 아이에게 주의를 줬다.

이윽고 안쪽에서 여자 간호사가 나타났다. 아이의 모습을 인지하자 긴장했던 그녀의 몸이 풀렸다. 그녀는 미소를 짓고, 와 하며 아이에게 손을 흔들었다. 하지만 그것은 단지 한때의 일로, 그녀는 "이런 일을 하고 있을 때가 아니야"라고 중얼거리고, 결심한 것처럼 몸에 힘을 주고 우리 앞을 떠났다.

코로나바이러스 사태의 '최전선'에서 일하는 의료인들에 대한 감사는 다양한 형태로 회자됐다. 그러나 감사의 말을 하는 세상 사람들은 스스로를 '후방'의 안전한 곳에서 '최전선'과는 선을 긋고 있었다. 감사하면서 코로나바이러스의 최전선에서 최대한 멀리 떨어져 있으려고 노력했다.[71]

그런 가운데 나와 아이는 잠든 아버지에 이끌려 태평한 차림으로 최전선 옆에 왔다. 그곳은 매우 조용한 곳이었다. 잠시 동안 의료 종사자와 두 살배기가 맞닿을 일이 없는 거리에서 마주쳤다.

그것이야말로, 큰소리로 외친 '긴급사태'에 의해 지워져서는 안 되고, 반드시 기억해야 할 일인 것 같았다.

아버지는 간호사의 부축을 받고 대기실로 왔다. 야간용 약을 새벽에 먹은 것이 깊은 잠에 빠진 원인이었다.

파자마 차림의 아버지와 아이를 차에 태우고 나는 본가로 돌아갔다. 아버지가 옷을 갈아입는 동안 막내는 근처 공원에서 놀았다. 아버지를 우리 집까지 모시고 와서 가족끼리 저녁을 먹었다.

아버지가 염소 씨의 죽음을 '이것도 저것도 아닌 죽음'이라고 말한 것은 그때의 일이다.

만연하는 도쿄

《만연하는 도쿄》의 해설로, 이 책 편집자이자 발행인이기도 한 시모히라오 나오시下平尾直는 간행의 목적을 다음과 같이 썼다.

> 다케다 린타로에게 '풍속'이란, '대중화'나 '통속화'라고 하
> 는 말로 연상되는 그것이 아니다. 그가 종종 '풍속 소설'로
> 분류되는, 도시의 저변을 계속해서 그린 것은 거기에 사는
> 사람들을 '암흑'이나 '하층'으로 분류함으로써 사회를 구
> 성하는 계급이나 미풍양속에 파고들어 동조시키기 위함
> 이 아니었다. 그것은 근면, 청결, 질서, 순종, 합리성, 생산
> 성을 비롯한 배타적이고 상식적인 가치관이나 시스템, 이
> 데올로기에 대한 반역이며, 그것들에서 벗어나 살지 못하
> 는 인간의 있는 그대로의 모습이며, '반풍속'이다.[72]

이 대목을 읽고 포스트잇을 붙이며, 아버지에게 휘말린 이 하루는 코로나바이러스가 창궐하는 도쿄 주변 도시의 한 풍속임을 생각했다.

몸이 점점 움직이지 않는 가운데 생활 리듬이 깨져 밤낮이

성급한 포옹

뒤바뀐 아버지는 새벽녘 가까이 컴퓨터 앞에 앉아 있다가 원래 밤에 먹어야 할 약을 새벽에 먹었다. 도우미가 찾아와 그가 일어나지 않는 것, 불러 깨워도 대답이 없는 것을 불안해하며 케어 매니저에게 전화했다. 케어 매니저가 내게 확인을 했고, 아버지는 구급차로 옮겨져 의료 붕괴가 진행되고 있는 병원 안에서 검사를 받은 뒤 아무 이상도 없다는 진단을 받았다. 그것은 또, 감염 확대를 막는 것이나, 의료 붕괴에 박차를 가하지 않는 것을 절대시하는 풍조 속에서 공감받기 어려울 것이다.

하지만 어떻게 하면 좋을까? 나는 아버지와 함께 살면서 그를 혼자서 돌볼 수 없다. 아버지 역시 시끄럽게 참견하는 내가 계속 따라다니는 것을 원치 않을 것이다. 아버지는 종일 누군가가 지켜보는 곳보다는 정든 곳에서 자유롭게 살기를 원한다.

만연한 도쿄가 전후 사이타마를 삼킨다. 아버지는 그 흐름 속에서 어머니와 형과 함께 도쿄에서 사이타마로 옮겨 살았고, 그사이 내 본가가 되는 단지에 살게 되어 내가 태어났다. 만연한 도쿄가 삼켜버릴 수 없었던, 미누마 논의 보전 운동에 참여하기 시작해, 가족이나 동료들과 거기에 복지농원을 만드는 구상이 생겨났다. 희망서를 만들어 제출하기 전에 복지농원은 생겨났다. 그는 그 대표가 되어 다양한 의사결정을 해

나갔다. 농복연계農福連携라는 말이 없던 무렵에 그 원형과 같은 곳이 생겨났다. 2021년 8월 이른 아침, 단지의 한 방에서 아버지는 깊은 잠이 들었다. 그의 잠의 의미를 설명하는 사람은 주변에 아무도 없었고, 혹시 모를 일을 걱정한 도우미와 케어 매니저가 조금 떨어진 곳에 사는 둘째 아들에게 전화를 걸었다.

그의 고독에 대해 자세히 설명하지는 않는다. 단지 말할 수 있는 것은 똑같이 고독한 채로 잠이 드는 사람이, 만연한 도쿄 주변에 한없이 있는 일이다.

도쿄에 만연하는 것은 코로나뿐만이 아니다.[73]

쇠퇴하는 것/지속하는 것

아버지는 난치병을 앓아 2017년 첫 재활 입원을 했다. 주변에서 아무리 걱정해도 아랑곳하지 않고 계속하던 자동차 운전마저 스스로 그만두었다. 그것은 혼자서는 농원에 올 수 없게 되는 것이기도 했다.

전공투〔전학공투회의의 약칭. 1968년에서 1969년 사이 일본의 각 대학에서 학생운동이 바리케이드 스트라이크(바리스토) 등 무력투쟁으로 행

성급한 포옹

해지던 시절, 분트와 3파 전학련이 학부와 정파를 초월한 운동으로서 조직한 대학 내 연합체들이다. 전공투는 특정한 조직·단체의 이름이 아니고 1968년에 국한된 대학가 '현상'에 가깝기 때문에, 학교별 전공투들은 활동 시기·목적·조직·운동방침이 모두 제각각이다. 그중 니혼대학의 일대전공투와 도쿄대학의 동대전공투가 유명하다. 동대전공투는 '대학 해체', '자기부정'을 주장했다고 널리 알려져 있다. '실력투쟁'을 전면에 세워 데모 중 기동대와 충돌할 때면 투석전이나 각목(게발트봉)도 사용되었다. 전공투운동은 특정 정파가 자기 사상과 정책을 내거는 조직운동이라기보다는 대중운동이었던 측면이 있었다고도 한다. 대학마다 개인마다 다양했다고 할 수 있다―옮긴이) 세대의 정신을 체현하는 듯한 아버지는 '일점 돌파 전면전개'를 신조로 삼았고 독단전행(자기 판단만으로 행하는 것)을 두려워하지 않았다. 때로 비판을 받았지만 아랑곳하지 않았다. 사이타마현 사업으로 시작된 미누마 논 복지농원은 복지 정책에도, 농업 정책에도 명확한 위치 설정은 없고, 높은 목표와는 별개로 행정적인 기반은 취약했다. 개원 초 농원을 정비하는 일도, 참가하는 장애인 단체 간의 조정도 기본적으로는 자원봉사에 맡겨졌다. 그것을 극복한 것은 날마다 농원에서 일하는 장애가 있는 사람들과 버팀목이 되어주는 자원봉사, 그리고 인근 농가의 이해와 함께, 아버지의 리더십이었다.

나는 대학생 때 그 활동에 인연이 닿아 푹 빠졌다. 나와 그 동세대 동료들은 농원을 사용해 여러 가지 잘못된 판단을 했다. 예를 들어, 매월 한 번의 농업 체험 이벤트에 힘을 쏟은 나머지, 일상의 농사를 소홀히 하거나, 혹은 일상적인 농원에서의 활동을 너무 어린 아이들에게도 개방했기 때문에 그 보살핌에 쫓겨 작업을 따라가지 못하게 되고, 더군다나 그들의 안전성 확보를 할 수 없게 되었다. 그런 우리를 아버지는 이벤트 지향, 소비 지향이라며 강하게 비판하고는 다른 활동 방향을 제시했다. 그런 와중에 우리는 농업과 제대로 마주할 수 있게 되어, 같은 세대 농가 출신의 젊은이들과 만나고 전국 각지의 농촌 사람들과 만나게 되었다. 그것이 확실히 나의 세계를 넓혔다.

아버지의 쇠약함을 느낀 것은 내가 대학에 취직한 지 한두 해가 지났을 무렵의 일이다. 아버지가 판단한 일이 아무리 논의해도 나는 납득할 수 없는 것, 이해할 수 없는 것이 나오게 되었다. 동일본 대지진과 도쿄전력 원전 사고가 일어나자 아버지는 깊은 마음의 상처를 입고 혼란스러워했다. 방사능이 오염된 장소에서 농업을 계속하는 것에 대해 마음 정리가 안 되었을 것으로 지금 되돌아본다. 이윽고 난치병이 발병해 몸이 뜻대로 움직이지 않게 됐다. 그래도 농원에 계속 다니긴 했지만, 할 수 있는 일은 줄어들었다.

겨울이 되면 아버지는 매화나무 가지치기에 신경을 쓴다. 그것은 그 작업이, 선 채로 할 수 있는 작업이기도 하기 때문이라고 지금 나는 생각하고 있다.

농원에 오는 횟수는 줄면서, 그래도 아버지는 농원에 대해 신경을 쓰고, 할 수 있는 일을 해왔다. 아버지가 전처럼 다닐 수 없게 된 가운데 형은 지금까지와 마찬가지로 평일에는 매일 농원에 다니며 작업을 계속하고 있다. 동일본 대지진과 원전 사고가 난 뒤에도 코로나19가 세계를 떠들썩하게 하는 가운데서도 형은 매일 농원에 다니고 있다.

잠자는 아버지

전도転倒의 다음

현대의 오래된 민가

신종 코로나바이러스 감염증이 확산하는 가운데 아버지는
지병이 악화되면서 넘어지는 일이 늘어나게 됐다. 외출한 곳
에서 넘어지고, 단지의 쓰레기장이나 주차장에서 넘어지고,
집 안에서도 넘어졌다. 점점 차를 몰지도 못하게 됐다.

단지 이웃으로부터 쓰레기를 버릴 때 종종 넘어지는 아버
지가 걱정된다는 연락을 받고 본가에 달려간 것은 2021년
1월 하순의 일이다. 큰딸과 작은딸은 보육원에 가 있었다. 아
내에게 볼일이 있어서 보육원에 아직 들어가지 않은 막내를
자전거에 태웠다.

단지에 도착해서 주차장에 자전거를 세웠다. 카시트에서 막내를 내려놓았다.

단지 꼭대기를 올려다보았다. 여기서 쌓아 올린 여러 일의 엄청난 점을 생각했다. 무려 3000가구 사람들이 반세기 가까이에 걸쳐 번갈아가며 이곳에서 살아온 것이다. 곳곳에 친구나 지인의 옛집이 있었고, 현재의 본가가 있었다.

나는 이 단지에서 태어나 열여덟 살 때까지 살았다. 내가 태어났을 때 집에는 아버지와 어머니, 형, 얹혀사는 대학생이 살고 있었다. 형뿐만 아니라 나를 잘 돌봐주던 그 대학생은 이윽고 아파트로 옮겼다. 그가 이사한 지 얼마 지나지 않아 여동생이 태어나 가족이 한 명 늘었다. 내가 중학생이 될 무렵에는 이웃 마을에서 받은 고양이가 살기 시작했다. 그리고 대학생이 될 무렵에 나는 이 집을 나왔다.

오랜만에 단지 통로를 걷자 여러 가지 생각이 떠올랐다.

초등학교 시절, 근처에 있던 막과자 가게에서 산 향기 나는 구슬을 통로의 배수구에 떨어뜨린 것. 중학교에서 집까지 가는 도중의 다양한 기분. 위층에 살던 친구가 먼 거리로 이사를 가서 헤어지게 되어, 될 수 있으면 시간을 들여 그의 집까지 가기 위해 엘리베이터를 사용하지 않고 계단을 사용한 것.

단지 위층에서 기르다 보니 엘리베이터를 이용해 단지 안을 드나들던 강아지. 왠지 늘 오줌 냄새가 났던 엘리베이터 냄새……

본가에 도착해서 문을 열었다. 막내는 무슨 일인가를 느끼고 벌벌 떨며 울었다. 가족 수가 줄어든 집은 옛날보다 어둑어둑하고, 어딘가 그리운 듯한, 지금까지 느껴본 적이 없는 듯한 냄새가 났다. 막내를 안아 올리면서 초등학교에 올라가기 전 나 자신이 외증조모님 댁에 갔을 때의 일을 떠올렸다. 그때 고양이가 있는 툇마루에서 집 안을 들여다본 내가 품었던 감정과 막내가 그때 느낀 것이 어딘가에서 겹치는 것 같았다. 단지의 낡은 한 집은 이제 '오래된 민가'라고 불러야 할 것이다, 라고 생각했다.

아버지와 이야기를 나누고 이웃집으로 갔다. 초인종을 누르고 아버지보다 조금 나이가 많은 이웃에게 인사하자 단지 주민 봉사단이 쓰레기 버리는 것이 어려워진 사람들의 쓰레기 배출을 대행하고 있다는 것을 알려줬다. 자세한 것은 관리인에게 물어보면 된다고 해서 관리실로 향했다. 관리인은 자원봉사자 그룹 대표에게 전화를 걸어주었다. 대표가 바로 내려왔다. 아버지와 동년배인 그 사람은 관리인에게 안내받은 방 번호와 이름을 듣고 예전에 아버지에게 신세졌던 일을 떠올렸다고 한다. 지금은 코로나로 자원봉사 그룹 활동은 활발하게 이뤄지고 있지 않지만, "무언가 돕고 싶다"고 말했다. 아버지의 상황을 전하고, 쓰레기 배출에 대해 상담을 하고, 나는 다시 아버지의 집으로 돌아왔다.

아버지도, 그 이웃도, 아마 자원봉사 그룹의 대표도, 이 단지에 이주해온 1세대 사람들이다. 갓 입주한 1세대가 여름축제와 떡메치기 등 다양한 행사를 만들고 집회소를 이용해 다양한 활동을 했다. 여름축제를 위해 쇠파이프와 합판으로 망루가 만들어지자 내 마음은 들떴다. 며칠 전부터 매일 밤, 추석 때 출 춤 연습이 이루어지고 우리는 백열전등 불빛에 비친 밤의 공원을 누비며 막과자 가게에서 산 불꽃놀이를 했다. 당시에는 장례식도 단지 집회소에서 치러졌다. 나를 귀여워해주었던 소꿉친구 할아버지의 장례식도 그곳에서 치러졌다.
그런 생각을 하면서 증조할머니의 장례가 증조할머니 댁에서 치러졌던 일을 떠올렸다. 할머니가 세상을 떠난 후 증조할아버지가 전쟁 전에 지은 집은 헐리고 아파트로 바뀌었다. 60년이 지나면 재건축도 해야 한다는 단지 관리인의 말을 생각했다.
이 단지가 헐렸을 때, 어떤 식으로 바뀌는 것일까. 그때 막내는 내가 증조할머니 댁을 떠올린 것처럼 이 단지에 사는 아버지 일을 떠올릴까?

우리 집 이야기

봉사단 대표로부터 내 핸드폰으로 전화를 받은 것은 그날 저녁의 일이다. 대표는 쓰레기 버리는 것뿐만 아니라 생활 전반에 돌봄이 필요하지 않을까 걱정했고, 그렇다면 포괄지원센터에 전화하면 되지 않을까 조언해줬다. 아버지의 의사를 확인하고 나서 포괄지원센터에 전화를 했다. 케어 매니저는 곧 아버지를 만나러 가겠다고 대답했다.

처음으로 돌봄전담사가 찾아온 날, 돌봄전담사는 아버지의 몸 상태를 보고 도우미가 있어야 한다고 생각해 '돌봄 인정'을 받을 것을 권했다. 아버지도 그것을 원하셨고, 나의 일정과 조정하여 돌봄 인정을 받게 되었다.

마침 그 무렵, TV에서는 미야토 간쿠로宮藤官九郎가 각본을 쓴 〈우리 집 이야기〉가 방영되고 있었다. 노가쿠〔일본에서 가장 오래된 연극—옮긴이〕의 본가 일가의 당주를 니시다 도시유키가 연기하고 그 간호에 분주한 장남을 나가세 토모야가 연기했다. 미야토 간쿠로의 작품을 나는 자주 봐왔다. 〈우리 집 이야기〉는 다른 작품처럼 빠른 템포의 주제가도 없고 흥이 넘치는 전개도 없었지만, 마음이 끌리는 구석이 있어 매주 기대하고 있었다.

도우미(간호) 인정 당일에도 막내를 데리고 갔다. 케어 매니저에게 인사하고 돌봄 인정 조사원을 소개받았다.

이 인정원이 정말 보통 사람이 아니었다. 지병 특성상, 펭귄처럼 다리를 조금씩 움직여 빨리 걷는 아버지의 모습을 보며 "이 사람은 이렇게 빨리 걸을 수 있는 사람이군요"라고 말했다. 케어 매니저는 그것이 아버지의 지병 특유의 증상임을 설명해줬다. 이후에도 의료적인 지식도 케어할 마음도 없는 듯한 언행이 이어졌다. 그녀가 몸이 움직이지 않는 아버지가 어쩔 수 없이 하는 행동을 그건 이기적인 행동이라고 단정하고 판정을 내리는 종이에 무언가를 적는 순간, 마침내 나는 "당신의 언행 하나하나가 아버지의 존엄을 훼손하고 있다"며 항의했다. 한 살짜리 아이의 등장으로 훈훈하게 시작된 인정 작업에 긴장이 흘렀다. 돌봄 인정 조사원은 나에게 사과했다.

돌봄 인정이 끝난 뒤 아버지는 나에게 왜 그렇게 화를 내느냐고 물었다. 나는, "너무 용서할 수 없는 일이 많았기 때문"이라고 대답했다. 그러자 아버지는, "그랬었나"라는 말을 돌려주었다.

몸을 움직이고 있었을 무렵의 아버지는 시간과 장소와 관계없이 때때로 화를 내는 사람이었다.

내가 학생 때, 오토바이를 타고 있을 무렵 교통사고를 당한 적이 있다. 방향지시등을 켜지 않고 좌회전하던 화물 겸용 승용차에 부딪혔는데 경찰서 조사 때 내 앞에 앉는 우렁찬 두 경찰관에게 운전자가 잘못했지만, 위험을 예측하지 못했다며 나의 과실이 조금은 있었음을 인정해달라는 말을 들었다. 나는 동의를 거부했다. 경찰관들은 그걸 인정해주지 않으면 돌아갈 수 없다고 차갑게 말했다.

그때의 일이다. 갑자기 문이 열리고, 문 앞에서 나를 기다리고 있던 아버지가 들어왔다. 아버지는 사고에 휘말린 아들에게 왜 과실이 있다고 해야 하느냐며 노기 어린 항의를 했다. 그 서슬에 경찰관 두 명은 당황했고 그 후 아버지도 끼어들어 대화가 계속되었다. 조사가 끝나고 집으로 돌아오면서 그때까지 대학원에 다니는 연하의 나를 바보 취급한 듯한, 은근히 무례한 경어로 대하던 그들은 "아버지를 소중히 여기라"며 처음으로 연장자의 말로 내게 말했다.

돌봄 인정이 끝나고 아버지와 대화를 하면서, 그렇게 불합리한 것에 화를 내는 것이 이제 아버지가 아니라 내가 되었음을 생각했다.

돌봄 인정이 끝나고 아버지가 필요한 물건을 사러 나가거나 관련된 곳에 전화를 거는 사이에 점심을 먹는 것을 잊고 있었다. 배고픈 막내를 데리고 근처 라면집으로 갔다.

막내와 둘이서 한 그릇의 츠케멘을 먹고 있는 사이에 나는 〈우리 집 이야기〉에서 나가세 도모야가 연기하는, 프로레슬러이기도 한 노가쿠 일가의 장남과 나 자신이 겹치고 있는 것을 깨달았다.

과거 트렌디 드라마에서 신슈의 지방도시에 사는 고독한 미소년을 연기했던 나가세 도모야는 이제 어엿한 중년이 돼 있었다. 극 중에서 그는 돌봄 인정을 받은 부친의 도우미 일을 하고 있어, 장래도 반드시 밝다고 할 수도 없다. 하지만 곁에서 지금을 사는 아이들이 있고, 자신을 따르는 후배가 있고, 일그러진 형태로 연결된 가족이 있어 예부터 있는 것과 지금 이 시대에 태어난 것이 엇갈리고 있었다.

아버지가 도우미 도움을 받는 생활이 이렇게 시작됐다.

노인과 농원

오랜만에 아버지와 농원에 간 것은 그다음 달, 2021년 2월 하순의 일이다.

단지에 도착해서 아버지가 사는 집으로 향했다. 이날은 막내아들뿐만 아니라 큰딸과 작은딸도 데리고 갔다. 나와 아이들이 집에 들어가자 아버지는 이미 농원에 갈 채비를 하고 있었고, 농원에 가는 것을 기대하고 있던 모습이었다. 약이나 여러 가지 필요한 것을 챙기다 보니 결국 출발까지 20분 가까이 걸렸다.

농원에 도착해 작업을 시작하자 인류학자 구보 씨와 신세를 지고 있는 편집자들이 찾아와 작업에 가담했다. 감자를 심을 예정인 밭에 말똥 퇴비를 투입하여, 무를 뽑은 뒤의 밭에 말똥과 타고 남은 모닥불의 재를 투입했다. 그리고 옆에서 농원에서 활동하는 조선학교 사람들도 작업을 하고 있었다.

점심은 각자가 준비한 것을 먹었다. 조선학교 사람들이 즉석 나물을 만들어 그것을 나눠주었다. 구보 씨는 지참한 캠핑용 버너로 물을 끓여 소시지를 삶고 컵라면을 끓였다. 막내는 그의 소시지를 흥미진진한 눈빛으로 바라보았고, 구보 씨는 그것을 아이에게 나눠주었다. 막내는 라면도 먹었다(그 모습

232

을 본 아이들을 중심으로 그 후 농원에서 컵라면 붐이 일어났다).
아버지는 아내가 만든 도시락을 드셨다.

점심 식사 전에, 미누마 논 주변에 사는 엔테츠 씨가 찾아
왔다. 작가이자 대중식당 시인으로 불리는 엔테츠 씨는 구보
씨가 펴낸 가정식 책에 자신의 저작이 언급된 적도 있어 나는
그의 연구에 흥미를 갖고 있었고 편집자와도 구면인 사이였
다. 내가 두 사람의 방문을 알리자 두 가지 대답을 해주었다.
시인과 인류학자 두 사람은 두런두런 대화를 나눴고, 시인은
돌아가는 길에 우엉을 심어줬다.

그 옆에서 아버지는 아궁이의 모닥불에 장작을 지피며 아
이가 위험한 불장난을 하지 않는지 지켜보고 있었다. 아버지
는 지팡이를 짚으며 카메라를 들고 농원의 모습을 촬영해, 큰
딸에게 카메라 찍는 방법을 알려주고 있었다. 그리고 몇 번인
가 잔디광장에서 넘어졌다.

2002년 농원을 거점으로 활동하는 학생 중심 자원봉사 단
체를 만들었을 때, 그 주된 활동은 농원에 오는 아이들을 조직
한 '농업소년단' 운영이었다. 몇 년 뒤 그 활동은 끝나고, 우리
는 농업에 관심 있는 같은 세대 사람들과의 연결고리 만들기
로 이행해갔는데, 더 시간이 흘러 각자 아이를 갖게 되자 문득

든 생각이 있었다. 그건 바로 굳이 이벤트를 하지 않아도 아이들이 모이게 된다는 거였다.

이날 아버지나 시인의 모습을 보면서 아이들 대상으로 해온 일을 노인 대상으로 해도 되지 않을까 생각했다. 적극적으로 활동하는 것은 아니다. 자칫하면 아무것도 하지 않고, 또 균형을 잃고 넘어지기도 한다. 하지만 잔디밭이기 때문에 단단한 땅에 비하면 안전하다. 일하지 않는 그런 노인이 농원에 있다는 것은 복지농원의 의미를 깊게 하는 일인 것 같았다.

생각처럼 몸이 마음대로 움직일 무렵의 아버지는 농원 자원봉사자들이 나이가 들어 움직일 수 없게 되면, 떠날 때는 깨끗이 떠난다고, 기회가 있을 때마다 말했다. 아버지는 그것을 좋은 이야기로 말했고 듣는 사람 대부분도 위화감을 갖지 않았다. 한참이 지나서야 나는 그것은 몸이 움직이지 않게 된 사람이 농원에 있을 수 없다는 사실의 반증이기도 하다는 것을 깨달았다.

그렇게 말한 본인이 나이가 들어도 농원에 계속 관여할 수 있도록 하는 것이 개원한 지 20년 이상의 역사를 가진 초고령화 사회 속에 있는 복지농원이 앞으로 추구해야 할 모습이라고 생각했다.

그 착상을 아버지보다 조금 나이가 많은 대중식당 시인에

게 말하자, 같은 세대만 있으면 사이좋게 지낼 수 없다고 대답
했다. 뭐 계속 시행착오겠지. 농원은 좁지도 않고, 여러 가지
가 있으므로 어떻게든 될 것이라고 나는 생각했다.[74]

전도의 다음

싯소 이후 한숨 쉬는 나

2021년 3월 28일 오전 2시 반에 형은 우리 집에서 뛰어나 갔다. 형의 신발이 없는 것을 확인한 뒤 나는 문을 열고 멀리 뛰어가는 형 목소리를 들었다.

이 시간에 할 수 있는 건 없다. 아침에 일어나면 관계자들에 게 전화하기로 하고, 나는 침실로 돌아와 아내에게 형이 없어 졌다는 것을 알리고 나서 한두 마디 혼잣말을 하고 이불 속으로 들어갔다.

다음 날 아침 어머니에게 전화했다. 경찰에 연락해야 한다는 사실을 확인하고 한숨을 쉬었다.

그 한 해 전 4월, 신종 코로나바이러스 감염증으로 인한 첫 번째 긴급사태 선언이 나왔을 때쯤 형이 본가를 나가버린 기억이 났다. 지금 생각하면 필요 이상으로 세상이 긴장하고 있던 그때의 일이다. 나는 당시 집 밖으로 나가는 것조차 주저했고 아무도 없는 곳에서도 마스크를 쓰고 있었다. 그러던 중 형이 사라졌다는 연락이 왔다.

그때도 나는 한숨을 쉬고 있었다. 나는 마스크도 쓰지 않고 나간 형이 코로나바이러스에 감염되는 것뿐만 아니라 코로나바이러스가 만연하는 가운데 마스크도 쓰지 않고 있어 주변 사람들에게 불안감을 주고 적대시를 당하지 않을까 생각했다. 2014년 1월 오사카의 덴노지에 도착했을 때, 형이 무릎에 큰 찰과상을 입고 돌아온 것이 머리를 스쳤다.

형이 달려가는 뒷모습을 보면서 아련하게 느꼈던 통쾌함은 이제 어디론가 사라져 버렸다.

그런 생각을 하면서 나는 아버지께도 전화를 드리는 게 좋지 않을까, 하는 생각이 들었다. 오전 7시 전후여서 아직 주무시고 있을지도 모른다고 생각했지만, 아버지는 바로 전화를 받았다. 형이 사라졌음을 알리자 아버지는 "그렇다고 하네"라고 담담한 목소리로 대답했다. 조금 놀란 내가 "누구한테 들었어요?"라고 묻자 아버지는 "내 뒤에 있거든……"이라고 대답했다.

형은 아버지가 사는 단지의 집에 가 있었다.

장남의 귀환

형이 언제 왔느냐고 묻자 아버지는 3시쯤이라고 했다. 밤낮이 뒤바뀐 아버지는 그 시간에 깨어 있었다. 그 시각에 형이 갑자기 집에 온 것 같다. 우리 집을 나선 것이 2시 30분. 형은 4킬로미터의 길을 30분 만에 달려갔다는 얘기가 된다. "지금 무엇을 하고 있느냐"고 묻자, 지금부터 아침을 같이 먹겠다고 아버지는 대답했다. "그렇다면 나중에 데리러 갈게요"라고 내가 말하자, 아버지는 "아니, 굳이 오지 않아도 돼"라고 대답했다.

그날 점심 전에 나는 아버지가 계시는 본가에 갔다.

집에 들어서자 형은 잠옷을 입은 채 아버지 침대 위에 걸터앉아 있었다. 내일은 농원에서 일이 있으니까 오늘은 그만 돌아가자고 하자, 형은 "아니", "괜찮아" 같은 말을 반복했다. 형이 침대를 벗어나고 싶지 않은 것은 분명했다. 아버지는 기쁜 듯

성급한 포옹

이 점심 준비를 했고, 지금부터 둘이서 먹을 것이라고 말했다.

두 사람이 이 집에서 함께 밥을 먹는 것은 몇 달 만이었다. 계속 아버지와 만나지 않았기 때문에, 형은 본가에 돌아가고 싶었고 아버지도 형을 만나고 싶었던 것이라고 나는 생각했다.

나는 형과 아버지에게 형이 다음 날 오전에는 농원 일을 쉬기로 했고 오후부터는 일하러 갈 것이라고, 그러니까 점심에는 데리러 올 것이라고 전했다. 그날은 오랜만에 아버지와 형과 함께 지내게 되었다.

다음 날 본가에 갔더니 이미 형은 아침을 먹고 밭 작업복으로 갈아입고 있었다. 내가 나가자고 하자 형은 곧 움직이기 시작했다. 형은 아버지에게 "안녕" 하며 인사하고 헤어졌다.

형이 아버지가 계신 집에 갔다는 것을 알았을 때, 나는 어렸을 때부터 신세를 지고 있는 연장자에게, 이 일의 줄거리를 써서 메일로 보냈다. 오랜 세월 형과 내 가족과도 깊은 친분이 있는 그녀는 다음과 같은 답장을 주었다.

말로 마음대로 해석되니까 행동으로 표현하는 료타가 좋군요.

지난 금요일에 마지막 회를 맞이한 나가세 군의 〈우리집 이야기〉라는 드라마가 좋다고 생각하는데요, 료타의 이야기는 드라마와 가깝다고 느꼈어요.

우왕좌왕, 두근두근, 고헤이 군과 주위 사람들은 힘들었 겠지만 저는 정말 기뻤습니다. 그런 이야기가 더 생기면 무언가 달라질 것 같은 느낌이 드는군요.

나는 '우리 집 이야기'의 '우리'가 나 자신이라고 생각했다. 하지만 진짜 '우리'는 장남인 형이었다는 사실을 그 메일을 통해 알게 됐다. 몇 주 뒤에 그녀와 내가 직접 만났을 때 이때 의 일을 이야기하자, 그녀는 "형은 가족에게 걱정을 끼치는 것 같지만, 실은 가족을 가장 걱정하고 있어, 다른 장애가 있 는 사람도 모두 그래"라고 말했다.

간신히 성립한다

가족이나 지역에 있는 사람들과의 공동성은 미리 주어진 강고한 연결고리로서 있는 것이 아니라, 사람들과의 행동이 나 관계성의 양상에 따라 강해지거나 약해지거나 때로는 없 어져버리기도 한다.[75]

2020년 4월 1일 외할머니의 보살핌이 필요해 어머니와 함께 병원에 간 적이 있다. 감염 위험을 최대한 피하고자 전철을 이용하지 않고 차로 이동했다. 차 안에서 어머니와 단둘이 보내는 시간, 나는 할머니가 전에 이야기해준 증조할아버지의 이야기를 했다.

이와테의 모리오카 출신 증조할아버지는 젊은 시절 도쿄로 나와 엔지니어 技師가 됐다. 전쟁 중에는 국내 각지를 비롯해 한반도와 만주에서도 사업을 전개했다. 증조할아버지에게는 누이동생이 있었는데, 그분이 유일한 혈육이었다. 그렇지만 스페인 독감으로 젊은 나이에 세상을 떠났다. 증조할아버지의 사촌형 중엔 도미타 사이카 富田砕花라는 시인이 있었다. 할머니가 아는 한, 증조할아버지에게 유일한 생존 혈육은 도미타 사이카뿐이었다. 도미타 사이카 옛집이 아시야에 있어서, 내가 대학 1학년이던 1997년 할머니와 방문했다. 도미타와 인연 있는 분이 살고 있고, 할머니는 자신과 도미타와의 관계를 이야기했다. 나는 거기서 증조할아버지가 스페인 독감으로 가족을 잃은 사실을 알게 됐다.

당시 신종 코로나바이러스 감염증과 스페인 독감을 연결하는 시각이 다양하게 소개됐었다. 스페인 독감의 팬데믹을 나 자신과 연결해서 느낄 수 있는 단서는 할머니가 해준 이야기뿐이었다.

할머니는 나에게 여러 가지를 말해주었다. 어머니에겐 그다지 많은 얘길 하지 않아서, 증조할아버지의 여동생 사연을 어머니는 몰랐다. 나는 (증조할머니의 사랑은 받았지만) 증조할아버지와 만난 적은 없었다. 패전으로 증조할아버지가 무력한 상태가 되어 치매에 걸렸다는 이야기, 패전 전에 대륙에서 사업을 시작하려고 가족 전체가 이주하려는 것을 증조할머니가 필사적으로 말렸다는 이야기를 할머니로부터 몇 번 들었을 뿐이다. 증조할아버지 대신 대륙으로 건너간 사람이 그 뒤 큰일을 당했다는 이야기도 들었다. 그게 무슨 의미인지 들어본 적은 없다. 할머니 자신도 모를지 모른다.

증조할아버지와 그 여동생, 할머니, 어머니, 나는 각각 분할되면서, 자기 자신밖에 떠맡을 수 없는 사건을 나눔으로써, 간신히 친족이라고 하는 연결고리는 성립한다. 그 간신히 있는 '연결고리'가 신종 코로나바이러스 탓에 소환된 '스페인 독감'의 기억으로 가시화되었다.[76]

같은 일이 2021년 3월 28일 우리 단지의 집에서도 일어났다. 과거 단지 한 방에 살던 '가족'이 구름처럼 산산이 흩어져 사라질雲散霧消 것이라는 예감 속에 아직 날이 새지 않은 거리에서 형이 돌아왔다. 아버지는 그를 받아들이고 둘이서 아침

성급한 포옹

을 먹었다. 나는 아버지가 평소 주무시던 침대에 앉아 있는 형을 설득해서 데리고 가려고 했지만 결국 단념하고, 다음 날 오겠다고 말했다.

아버지와 형이라는 최소 단위의 멤버로 인해 일가의 단란이 순식간에 부활했다. 형이 귀환하고, 나도 귀환하고, 세 남자가 무슨 일인가를 주고받음으로써, 우리라는 '가족'은 간신히 이루어진다.

말보다 빨리

'싯소'는 실종과 질주 사이에 위치한다.

형은 내가 사는 집에서 사라졌다. 놀란 나는 경찰에 전화하려고 했다. 만약 경찰이 연락을 받았다면, 그 일은 지적장애가 있는 사람의 실종 사건으로 처리됐을 것이다.

하지만 형은 실종된 게 아니었다. 형은 아버지가 사는 집을 향해 질주했다. 그것도 4킬로미터를 30분 만에.

누군가의 해석이나 배려나 차별적인 말이 다가오기 전에, 온몸으로 전력을 다한 운동으로 자기 자신의 의사를 나타낸다. 그것은 변변치 않은 세계로부터 도망치는 일이며 새로운 세계를 요구하는 일이다. 달리기 시작하는 몸짓 자체가 새로운 세계의 발현이기도 하다.

싯소는 의사 표명이라든지 의사소통이라고 하는 것의 고정관념을 깨뜨린다. 2016년 7월 쓰쿠이야마유리엔에서 많은 장애인을 살해한 범인이나 '의사소통이 불가능한 인간은 살 가치가 없다'는 찬동자의 사고에 대한 가장 본원적인 비판이다. 그것은 비판의 말이 아니라 비판 그 자체의 운동이다.

사가미댐 건설 순직자 추도회에서 댐 건설로 희생된 희생자와 쓰쿠이야마유리엔에서 살상당한 사람들에게 바치는 묵도의 침묵 속에서, 형은 "아—"라고 외쳤다. 소리 지르는 것을 멈추려고 하던 나는, 때로는 외칠 수 있는데, 소리치지 않는 자신을 깨달았다. 마찬가지로 나는 형이 없어진 것을 실종으로 정리하려고 했다. 하지만, 형의 행선지를 알았을 때, 질주할 수 있는데도. 질주하지 않는 나 자신이 질책당하고 있는 것처럼 느꼈다.

코로나바이러스가 확산하면서 완전히 길들여진 달리기로 성화 봉송이 시행됐다. 다른 관계자들 모두 마스크를 착용하고 길가에 떼 지어 다니는 일이 없도록 당부의 말을 들었다. 그런 가운데 유일하게 마스크를 쓰지 않은 봉송 주자가 성화 토치를 들고 달린다. 그렇게 연결되는 봉송이, 이어지려고 한,

어리석음의 일단은, 올림픽이 시작되기 훨씬 전부터 계속해서 밝혀지고 있다.

형은 아버지가 사는 집으로 달려갔다.
2021년 3월 28일 형이 달린 것보다 명료한 의사 표명을 나는 모른다.

선회와 싯소

순식간에 공용하기

침묵을 무의미하게 만드는 것은 폭력이다.

침묵하는 사람에게 그 사람과 의사소통을 할 수 없다고 생
각하고 존재를 무시한다. 혹은 어떤 사람의 말하는 소리나 말
이 생소한 것에 당황하며 자기 자신이 침묵한다. 그 찝찝함 속
에서 자신과 의사소통을 할 수 없는 그 사람의 존재를 의미
없는 것으로 단정한다. 그 사람과 목소리나 눈빛을 나누고, 그
사람과 닿으면서 서로 무언가를 확인하는 것, 그러한 세계와
마주하는 방법을 거부한다.

성급한 포옹

타자와의 눈빛 교환을 통해 내 자신이 만들어진다. 나는 서로를 바라보는 타자가 되기도 하고, 내가 능동적으로 한 것과 수동에 몸을 맡긴 것은 조화를 이룬다. 사냥꾼은 사냥감의 눈빛과 자신의 눈빛을 겹친다. 포개면서 사냥감을 사냥한다. 무속인은 신령에 사로잡히면서 삼켜지지 않으려고 발을 동동 구른다. 인류학자 이시이 미호石井美保는 "이때 사냥과 유혹은 같은 뜻"이라고 썼다.[77] 그러면서도 이시이는 눈빛 교환이 없는 상황에 대해서도 언급한다. 이시이의 현장연구 도중 인도 장거리 버스가 휴식을 취하는 지점 길가에서 남자 여섯 명이 일렬로 늘어선 채 얼어붙은 듯 자신을 응시하고 있다. 시선을 되받아쳐도 표정을 바꾸지 않고 계속 응시하고만 있다. 마치 이해할 수 없는, 사람이 아닌 것을 보고 있는 듯한 그 응시에 관해 이시이는 "살아 있는 상대의 얼굴을 빼앗고 '물건=대상'으로 바꾸는 시선이야말로, 상대를 물건으로써 간단하게 지워버릴 것"이라고 썼다.[78]

초등학교 고학년이 돼 형과 둘이서 전철을 타고 외조부모 집으로 가던 중 함께 전철에 타고 있던 고등학생의 형을 향한 눈빛은 그와 같은 종류였다. 언뜻 장애가 있는 사람을 이해하고 있을 것으로 생각한 사람이 장애가 있는 사람이 예상치 못한 행동을 했을 때(예를 들면 개성적이고 재미있다고 생각하고 있던 사람이, '재미'라는 말로 정리할 수 없는 언동을 했을 때) 보여주는 것도 마찬가지다.

이 이야기에서는 누군가를 사람이 아닌 것으로 취급하는 사고에 대해 저항하기 위한 사고를 계속 찾아왔다. 그것은 내 안쪽이 아니라 형과 나 사이, 거기서 펼쳐지는 세계 속에 나타나 있었다. 이시이의 말을 사용하면 눈빛의 엇갈림을 둘러싼 것이다. 우리는 경험을 공유하는 것이 아니다. 그런 일은 아마 할 수 없을 것이다. 그것이 아니라 서로의 몸을 잠깐 사이에 공용共用하고 있다. 눈빛의 교차란, 다른 사람의 눈빛을 잠깐 사이에 공용하는 것이다. 마찬가지로 형의 외침과 달리기에 흔들리는 것은 타자의 외침과 달리기를 잠깐 사이에 공용하는 것이다. 공용하면서, 문지르면서, 마모하면서, 우리는 타자의 단편을 몸에 걸치고, 변화해간다. 그리고 변화하는, 애절한 존재인 우리가, 세계를 형성한다.[79]

프라이데이의 선회

침묵을 의미로 채워버리는 것 또한 폭력이다.

'게의 허망한 눈빛, 혹은 프라이데이의 선회'라는 제목의 글을 읽은 것은 내가 대학 3학년 무렵의 일이다. 영화 〈세븐〉의 마지막, 브래드 피트가 연기하는 젊은 형사가 이야기의 마지막에 자신에게 달려드는 폭력과 그 근거의 불확실성으로 인한 압도적인 뒷맛의 찝찝함에서 '타자가 느꼈을 고통'을 둘러싸고 논의된 그 논문은 스무 살이 넘어 한 해가 지날 무렵의 나에게 강한 영향을 미쳤다. 이 논문에서 저자 오카 마리는 남아프리카의 작가 J. M. 쿳시의 《포》를 언급한다.[80]

영국 여성 수전이 떠돌다 닿은 섬에서 그녀는 늙은 로빈슨 크루소와, 흑인이고 전 노예인 프라이데이와 만난다. 프라이데이는 혀가 빠져 말을 할 수가 없게 되었다. 그와 함께 살았던 로빈슨 크루소는 섬에서 영국으로 가는 도중 배에서 사망한다. 둘과 섬을 떠난 수전은 프라이데이와 함께 런던에서 살게 된다. 혀가 뽑힌 프라이데이의 입에서 수전은 그가 과거 겪었던 폭력을 읽어낸다. 그러나 그 경험이 어떤 것인지 프라이데이 자신이 말하는 일은 없다. 그녀는 프라이데이에게 펜을 들게 하지만 그가 묘사하는 것은 그의 입과 같은 의미가 빠진 구멍이다. 그 외에도 다양한 방법을 시도해 보지만, 프라이데이에게 무슨 일이 있었는지는 알 수 없다. 때때로 프라이데이는 햇볕이 잘 드는 방에서 춤을 추기 시작한다. 두 팔을 내밀고 눈을 감고 몇 시간을 빙빙 돈다. 그 방에 햇볕이 들지 않으면 햇볕이 드는 방으로 이동한다. 수전이 말을 걸어도, 거기에 응하는 일은 없다. 프라이데이의 그 선회는 수전에게는 그의 혀가 뽑힌 입과 같은 불가해한 행위로 계속된다. 어느 날 수전은 프라이데이와 똑같이 돌아보고 알아차린다. 남국에서 자란 프라이데이에게 런던은 추웠다. 프라이데이는 선회하며 몸을 녹이고 있었다. 영국 태생의 수전은 그 사실을 모르고 그저 그의 텅 빈 입속에서 그가 당한 폭력의 흔적만을 찾아내려 하고 있었다. 우리는 우리 자신에게 가장 고통스럽다고 생각하는 것이 다른 사람에게도 그러하다고 생각하고 만다. 그것을 타자에게 투영해, 타자 자신의 목소리로서, 그것을 듣는 것이다.

그리고 말 없는 다른 사람을 대신해 우리가 그 목소리를 말하기 시작한다. 그/그녀의 고통으로서 말이다. 하지만 그것은 결국 우리 자신의 고통, 우리 자신의 목소리일 뿐이다. 어쩌면 그/그녀에게 지금, 가장 큰 고통이란, 내가 그/그녀에게 스웨터 한 장 주지 않는 것인지도 모른다.

나 자신이 그/그녀의 고통의 원인일지도 모른다. 프라이데이의 선회처럼 '그것'의 목소리란 사실 우리가 생각지도 못한 방식으로 이야기되고 있을지도 모르는 일이다.[81]

식민지를 지배하는 측, 인종, 성차라고 하는 차이 속에서,

타자가 침묵하는 입에 말을 부여하는 것—대부분의 경우 선의에 의해 이루어진다—의 폭력을 다룬 논문을 읽으면서 나는 형의 말을 대변할 수 있을까 하는 생각을 했다.

읽어낸 사상과 그 외부

중학교 시절 형이 교복을 입은 채로 시궁창에 들어갔던 일이나, 2014년 정월 간사이 여행 이후 오른쪽 다리 무릎에 찰과상을 입었던 일은, 형에게 고통이 있었음을 그것을 보는 우리에게 상기시킨다. 그러나 그것은 형의 고통이며, 그 고통이 어떤 것이었는지를 형은 말하지는 않는다. 형이 당한 폭력을 나는 내가 당한 폭력에서 상상하고 있었다. 예를 들어, 형과 둘이서 전철을 타 있을 때, 형에 대한 시선이나, "왜 이런 녀석이 여기에 있을까?"라는 말을, 나는 나에 대한 폭력으로 받아들였다. 그 나 자신의 아픔과 형이 받아온, 내가 모르는 아픔을 같은 것으로 생각했다. 하지만, 그것은 같지 않다. 나의 경험을 형의 경험에 겹쳐 보는 것, 형의 경험을 나의 말로 거듭하는 것, 그것에 대해 아무런 의심도 하지 않게 되었을 때, 나는 형을 대변하는 것 같으면서도 형의 말을 빼앗게 된다.

말을 빼앗지 않고 함께 있을 수 있을까 하는 것을, 나는 그로부터 계속 생각하고 있었다고 지금 생각한다.[82] 내가 느낀 고통과 형이 느낀 고통은 다른 것이지만 어딘가에서 연결되어 있다. 연결된 곳과 어긋난 곳 모두 중요하다. 그것은 고통만의 일이 아니다.

뜻대로 움직일 수 없게 된 아버지가, 어느 때 형의 의사에 대해 다음과 같이 말했다. 큰아들이 정말 무슨 생각을 하는지는 잘 모르겠다. 그는 자신의 기분을 말로 말하지 않으니까. 하지만 매일 농원에 다니는 것을 싫어하지 않는다. 그래서 농원이 싫지 않은 것은 안다. 마찬가지로 학교도 매일 다니는 것을 싫어하지 않았다. 그래서 학교가 싫지 않다는 것은 알았다. 아버지는 형의 행동에서, 그리고 매일의 몸의 모습에서, 형의 의사를 읽는다.

그런데 거기서 읽어내는 의사는 "학교에 가고 싶다"라는 말로 명확하게 표현되는 것과는 다르다. 그것보다는 더욱 쭈뼛쭈뼛하고, 듣는 이들에게도 그 말로 펼쳐지는 일의 여백이 상기된다. 생각대로 움직일 수 있을 때의 아버지는 더 단정적으로 형의 마음을 대변했던 것처럼 나는 기억하고 있다. 늙은 아버지의 말에 나는 놀라는 동시에, 거기서 이야기되는 형의 뜻에도, 그렇게 말하는 아버지의 마음에도 공감했다.

나는 말로 의사를 표명했을 때, 거기에 본인의 순수한 의사를 읽어버리고 마는데, "그런 일이 정말로 있을 수 있는가" 하는 것을 두 사람에게 배운 것 같다.

중요한 것은 읽을 수 있는 의사와 함께 의사로서 읽을 수 있는 것의 외부이다.

프라이데이는 선회하고 형은 싯소한다. 형이 내 집에서 뛰어나가 아버지 집으로 달려간 그 행동과 신체의 발현은 신종 코로나바이러스 감염증의 감염이 확대되는 일, 그 옆에서 올림픽이 개최되려고 하는 일 그리고 나와 내 가족 상황의 변화 같은 것을 배경으로 하면서 강렬한 의미가 있는 것처럼 느꼈다.

그것은 나카무라 히로시가 1930년대 요시노 겐자부로의 경험에서 찾아낸 것과도, 주앙 비엘이 비타에 사는 카타리나의 생의 궤적에서 찾아낸 것과도 겹쳐 있다. 나는 형은 어떻게든 본가로 돌아가고 싶었다고 생각했다. 형이 본가에 간 것을 두고 이야기를 나누었고, 형은 주말마다 본가에서 아버지와 지내게 되었다. 형이 싯소한 다음 주의 일이다. 아버지는 카레를 준비하고 형이 오는 것을 기다렸다. 도우미를 동반하면서 형은 본가로 돌아갔다. 아버지로부터 형이 사라졌다고 전화가 온 것은 그다음 날의 일이다.

제비 신화

흙투성이 형

형은 매일 농원에서 흙과 진흙으로 범벅이 된다. 복지농원 개원 당시 형은 우쿨렐레 만들기, 종이뜨기, 포스팅 일도 했기 때문에 매일 농원에 간 것은 아니다. 그러다가 형은 작업소의 농원반이 되어 거의 매일 농원에서 일하게 되었다. 복지농원이 들어선 지 20년이 넘는 세월 동안 가장 오랜 시간 농원에서 일하는 이는 형이다. 내가 복지농원에서 보낸 시간은 형의 시간과 비교하면 5분의 1도 채 되지 않는다. 나는 그의 일을, '농원에서 일하고 있다'든가 '농사를 짓고 있다'고 말한다. 그러나 내가 말하는 것은 형이 하는 일의 극히 일부다. 그만큼 형의 일이 다양하다는 의미이기도 하다.

한데 그것만이 아니다. 컴퓨터 앞에 앉거나, 교단에 서거나, 회의실 의자에 앉아 있는 내가 일하는 방식보다 훨씬 깊고, 형의 일은 외부세계를 건드리는 감각 속에 있다. 채소 주위에 난 잡초 하나하나를 낫을 이용해 뿌리부터 뽑는다. 씨앗 하나하나를 손가락으로 확인하면서 자로 만든 홈에 심는다. 작업 도중 화장실에 갈 때도 있고 큰 소리를 낼 때도 있다. 그 또한 형의 안쪽에서 일어난 일과 바깥세상과의 경계면에서 일어난다. 바람이 쌩쌩 불면 가끔 형은 펄쩍 뛰며 바람과 일체화된다. 형은 세상을 맡고, 움직이고, 느낀다. 흙과 진흙으로 범벅이 된 형을 컴퓨터 책상에 앉은 내가 대변한다. 그것은 내가 형과 함께 사건을 공유하고 내 눈으로 관찰한 것일 뿐이다. 형이 말하는 목소리나 단편적인 말로 내가 해석할 수 있었던 것일 뿐이다. 형은 내가 대변하고 해석한 것에 대해 말로 부정하지도, 긍정하지도 않는다. 형이 아버지가 사는 집으로 달려갔다는 사실을 알았을 때, 나는 아버지가 보고 싶다는 형의 뜻을 읽었다.

나는 어처구니없는 실수를 했다. 벚꽃이 활짝 핀 것, 코로나 감염자가 증가했던 것, 성화 봉송이 시작되었던 것, 아버지와 형이 한동안 얼굴을 마주치지 않았던 것이, 나의 착각에 박차를 가했다. 나는 어딘가에서 장남인 형이 가족을 회복해주기를 기대했다. 가부장제를 믿는 것은 아니다. 그런데도 세상으로부터 장남으로 해야 할 역할을 기대받지 못하는 형이 늙은 아버지를 부축한다. 그렇게 가부장제라는 틀을 반복하는 것 같아 혼란스럽다. 그런 생각을 한 나는 주말마다 형이 본가에서 지내도록 주위를 설득했다. 아버지도 그것을 환영했다. 바로 다음 주부터 형은 아버지 집에서 지내게 되었다. 도우미를 동반하면서, 형도 기꺼이 아버지가 계신 집으로 향했던 것처럼, 나는 생각하고 있었다. 그러나 형은 거기서도 그럴 것이다. 나와 아버지와 가족들이 일방적으로 기대했던 틀을 벗어나 본가를 나가고 만다.

대물림

형이 아버지 집에 묵으러 간 날은 4월 3일, 잔잔하게 맑은 하루였다. 낮에 나는 아이를 데리고 복지농원에 가서 모여 있던 사람들과 싹을 틔운 감자를 모조리 모으고, 제초하고, 풀을 솎아냈다. 지기 시작한 벚꽃이 아름다웠다. 아버지와 형이 둘이서 카레를 먹고 있는 행복한 모습을 상상했다. 다음 날도 아침에는 비가 내리지 않았다. 오전 중에 나는 막내를 자전거에 태우고 쇼핑을 하러 갔다. 형이 아버지 집에서 사라진 것을 알게 된 것은 점점 날씨가 이상해진 점심 때의 일이다. 전화가 와서 아버지는 나에게, 전날은 둘이서 카레를 먹은 후, 새벽 5시까지 둘 다 깨어 있던 일을 이야기하고, 드디어 잠이 들어 점심을 지나 일어나 보니, 형이 없어진 것을 알았다고 한다. 아버지 침대 옆에 깔려 있던 형의 이불도 말끔하게 개어 있었다. 아버지의 말씀을 들으며 시트도 담요도, 한 변과 한 변을 딱 맞게 해서 접힌 이불을 생각했다.

형과 나의 성격 차이는 이불이나 옷을 개는 방법에 나타난다. 전화로 나와 이야기한 후, 아버지는 곧바로 경찰에 전화를 걸었다. 그러자 경찰관 네 명이 곧바로 집으로 찾아왔다. 아버지는 그들을 집안에 들여보내 사정을 설명했다. 경찰관은 형의 생활 전반에 관해 물었다. 형과 관련된 사람들에게 연락을 취하기 시작했다. 경찰견도 동원할까 하는 제안까지 받았지만 역시 거절했다. 내리기 시작한 빗속에서 경찰관은 아버지 집을 나갔다. 그렇게 형이 사라진 일의 파장은 커져만 갔다. 형의 발자취는 잡지 못한 채, 비 오는 일요일은 깊어만 갔다. "만약 형을 이대로 찾지 못하면 어떻게 될까" 하고 나는 생각했다.

형이 사라진다면 복지농원은 계속할 수 있을까. 복지농원

개원 당시부터 가장 오랜 시간 풀을 뽑고 씨를 뿌리고 경운기를 돌린 사람이 없어지게 된다. 그것은 농원 일을 하는 사람이 한 명 줄었다는 말로 끝나지 않는 일이다. 비가 오는 날도, 바람이 강한 날도, 더운 날도, 추운 날도. 2006년에 도난 사건이 일어나 농기구를 몽땅 도둑맞았을 때도, 2011년 동일본 대지진의 날도. 그것과 연이어 일어난 원전 사고로 방사능 오염이 걱정되었을 때도. 코로나바이러스로 긴급사태 선언이 나왔을 때도 형은 농원에서 일하고 있었다.

그때마다 나는 형의 모습에 격려를 받고 끊어질 것 같은 마음을 이어오고 있었다. 그 일을 생각했다. 그리고 주말에만 농원에서 활동하고 있는 내가 형의 존재를 버팀목으로 삼고 있음을 깨달았다. 많은 것을 이야기하지 않는 형에게 농원의 모든 것이 있는 것처럼 나는 느꼈다.

그때 처음으로 나는 복지농원에 대표라는 존재가 있을 수 있다면 형 말고 다른 사람은 없다고 생각했다. 그런 존재인 형이 대표라는 것을, 실제로 생각해본 적이 한 번도 없었던 것에, 나와 사회를 붙들고 놓지 않는, 강렬한 차별이 있음을 깨달았다. 농복연계라는 말을 사용하게 되었지만, 그것은 농사를 장애가 있는 사람이나 고령자로 하는 것에 그친다. 지금까지 지적장애가 있는 사람을 농가로 만들려고 생각한 사람은 없다. 그것은 농정이나 농학, 농촌 자체가 지적장애가 있는 사람을 차별하고 있음을 보여주는 것이다.

지적장애가 있는 형이 농원의 대표를 한다. 물론 혼자서 할 수 없는 일들이 많이 있으므로 주변 사람들이 버팀목이 된다. 회의는 그가 항상 입회하는 가운데 누구나 알 수 있도록 중요 사항을 논의한다. 그가 입회하는 가운데, 지금까지 발언할 기회를 얻지 않았던 아이들이나, 농원에 좀처럼 올 수 없게 된 고령자가 발언의 기회를 얻는다.

밖과의 교섭의 장이 있으면 모두 함께 우르르 나가, 시끌벅적하게 이야기를 나눈다. 그것이, 나의 의식 속에서, 복지농원의 대표가 아버지로부터 형으로 대물림된 순간이다.

형을 데리러

바다와 인접한 모처의 경찰서에서 형이 보호받고 있다는 연락이 내게 온 것은 다음 날 월요일 저녁의 일이다. 나는 처음에 형을 보호했던 그 도시의 시청 복지과에 연락해 형을 보호하고 있는 경찰서의 전화번호를 물었다. 경찰서의 위치를 듣고, 형의 옷을 갈아입히기 위해 내 셔츠와 운동복을 가지고 차를 몰았다. 19시쯤 경찰서에 도착했다. 일반 시민이 거의 없는 시간에 경찰봉을 든 수위에게 물어보니 형이 보호받고 있는 곳을 알려줬다. 현관으로 들어가 기다리고 있는데, 안쪽에서 체격 좋은 경찰관이 나왔다. 그는 나의 신원을 확인하고 다시 경찰서 안쪽으로 갔다. 이윽고 형을 데리고 나왔다. 형은 잠옷 차림이었다. 경찰서의 살벌한 풍경과 억세 보이는 경찰관과 대비를 이루어, 형의 모습은 매우 연약해 보였다. 형은 점심이 지난 시각 근처 역에서 역무원에게 보호를 받은 것 같다. 말이 통하지 않아 경찰을 불렀지만, 경찰도 대응에 곤란을 겪고 관공서 복지과에 상담을 했다. 복지과가 방황하는 사람의 정보를 알아보고 형에 관한 정보를 찾아, 우리가 사는 곳의 복지과에 전화했다.

가족에게 연락이 될 때까지, 지바현의 복지과 직원은 형과 동석해주었다. 경찰관은 형이 추위를 느껴 난방을 켠 것, 배가 고플 것 같아서 컵라면을 먹였다고 말해주었다. 차에 형을 데리고 갔고 형은 내가 준 셔츠와 운동복으로 갈아입었다. 고속도로를 타고 나는 평일에 형이 사는 집으로 향했다. 코로나바이러스가 창궐하고 그 공포가 퍼지는 세상에서 형은 잠옷 하나에 무방비한 모습으로, 집을 나와 하룻밤을 어디선가 보내고 바다가 있는 그곳까지 갔다.

성급한 포옹

운전하면서 마스크를 쓰지 않은 그를 향한 세상 사람들의 눈빛이 어떤 것이었는지를 생각한다. 더불어 형의 모습으로 인해 환기된 사람들의 불안과 두려움, 분노 같은 것들에 대해 생각한다. 그럼에도 세상으로 나가는 형의 마음을 나 자신이 받아들이고 있는지 생각한다.

둘 사이의 대화는 없었고, 그저 블루하츠의 곡이 흘러나오고 있었다. 고속도로 정체는 없었고 한 시간도 안 돼 형 집에 도착했다. 동거인도 도우미도 나와 형을 기다려주었다. 목욕물도 끓고 있었고 저녁도 준비되어 있었다. 얼마 만의 식사인지 모르겠지만, 나온 식사를 형은 즉시 먹어 치웠다. 도우미와 동거인과 일전에 일어난 일 이야기를 나누고, 이윽고 나는 집으로 돌아갔다.

너무나 큰 고통

발랄한 자들의 먼 여름의 전설이
폐차장에서 녹슬어 있으면
회색빛 새벽을 그저 말없이 달려나가
당신을 만나러 갈 수 있으면 좋겠다

—마시마 마사토시 작사, 〈투머치 페인TOO MUCH PAIN〉

3월 28일 새벽 형은 우리 집을 나서서, 한때 가족끼리 살다가 지금은 아버지 혼자 사는 집으로 돌아갔다. 두 사람은 함께 식탁에 둘러앉아 오랜만에 베개를 나란히 하고 하룻밤을 보냈다. 침대에서 자는 아버지와 이불에서 자는 형 사이에 높낮이 차이는 있었지만. 내가 데리러 가도 아버지 침대 위에서 벗어나지 않으려는 단호한 모습을 보며 나는 형이 본가에서 지내고 싶다는 생각을 이해했다.

4월 4일 형이 아버지 집에 머물렀다면 주말을 함께 보내는 것이 아버지와 형의 습관이 되었을 것이다. 그러나 그렇게 되지는 않았다. 아침잠이 든 아버지는 형에게 아침밥을 차려주지 않았다. 냉장고 안에서 음식을 찾았는데, 그걸로는 부족했던 것 같다. 형은 아버지가 일어나기를 기다리다 지쳐 나가 버렸다.

갈아입을 옷은 그대로 있었기 때문에 잠옷을 입은 채 나가 버린 것은 아닐까, 하고 아버지는 추측했다. 오랜만에 회복한 그 단지 집에서의 일가족의 단란은 그렇게 다시 사라지고 말았다. 형은 아버지와 닿고 나서 다시 길을 떠났다. 초봄에 건너온 제비가 한때 살았던 곳에서 둥지 만들기를 시작했지만,

그 일을 도중에 그만두고 또 떠나버린 것처럼 말이다.

거기에 가족이 있었다는 것, 그것이 예전 같지 않다는 것을 확인하듯이. 형은 간신히 그 가족과 호흡을 같이 하고. 거기서 나왔다.

그날 이후로 형이 본가에 간 적은 없다.[83]

다시 한번 또 만날 거야

아직 지금이라면 늦지 않았어

이제 두 번 다시 돌아갈 일은 없을 거야

나는 또 한 걸음 내딛으려 해

조금 무섭지만

당신의 말은 멀어서

더는 알아들을 수 없어

무엇인가가 튀어서 흩어졌다

—마시마 마사토시 작사, 〈투머치 페인〉

형은 최근 몇 년간 자주 눈물을 흘리게 됐다. 불쾌한 듯한 목소리를 내고 난 뒤 울고 있다. 웃는 것이 당연한 일인데도…… 그런데 알고 보면 울기도 한다. 울고 있을 때의 형은 정말 슬퍼 보인다. 그것은 형에게, 돌아가야 할 장소, 돌아가고 싶은 장소가 없어진 것, 예전과 같은 장소가 아니게 된 것을 슬퍼하고 있는 것처럼 나는 느낀다. 그리고 그것은 나 자신의 안쪽에 있는 생각이기도 하다. 사는 것의 애절함이란 한때 그 속에 있던 것이 서서히, 그러나 확실히 사라지는 일이다. 그 참을 수 없는 안타까움에 맞서고 있는 사람들로서, 고독한 우리는 비로소, 각자의 세계를 거듭할 수 있다.

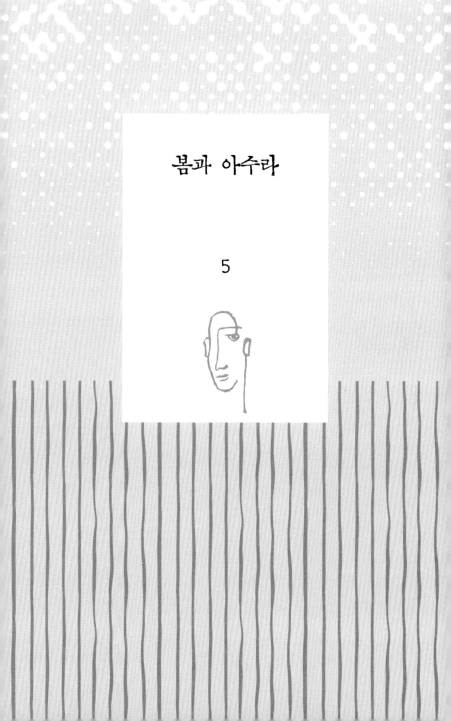

봄과 아수라

5

이야기 끝에

지금까지가 형이 그려낸 선을 둘러싼 이야기다. 형은 내 집에서 아버지가 사는 집까지 싯소하고, 또 아버지가 사는 집에서 지바의 거리까지 싯소했다. 형이 여행한 그 선의 모든 것을 나는 더듬을 수 없다. 단지 시작점과 끝점을 알고 있을 뿐이다. 그 점과 점 사이의 형의 경험이 어떤 것이었을까를 상상하기 위해 나와 형이 살아온 경험을 꽤 우회하면서 그려 보았다. 형의 모습을 단지 '지적장애인의 실종'으로 파악하면 본래 그가 있어야 할 곳에서 사라진 것만이 문제가 될 것이다. 장애가 있는 형이 집에서 사라졌다. 장애가 있는 형은 경찰의 보호를 받았다. "큰일이다. 큰일이야, 어떡하지. 걱정되셨죠? 여러 사람에게 폐를 끼쳤겠죠. 그런 일이 더는 일어나지 않도록 관리·감시합시다. 이상". 이때 형은 그 세계를 교란시키기만 하는 존재가 된다. 형이 사라지기 전에 있던 자리도, 형이 나갔던 장소도 '원래 있어야 할 장소'/'원래 있어서는 안 될 장소'라는 식으로 추상화된 점이 된다. 그 점과 점이 직선으로 연결된다. 그가 어떤 길을 여행했는지, 그 길에서 무엇과 만났고 어떤 세계를 만들어갔는지는 문제가 되지 않는다. 점과 점이 무기질로 연결되어, 거기에 있던 형 자신이나 형과 만난 사람들의 생생한 경험은 간과된다.[84]

정말로 중요한 것은 시작점과 끝점이 아니다. 그 중간에 있는 일이다. 형이 세계를 교란하는 것은 아니다. 형은 '누군가'와 '무언가'와 함께 세계를 계속 구축하고 있다. 그 구축의 힘을, 예를 들면 '장애인 아트'라는 형태로 한정해서 이해해서는 안 된다. 오히려 장애가 없다고 자각하고 있는 사람들도, 본래 손에 가진 힘, 그리고 그것을 자각하지 못한 힘으로 이해할 필요가 있다.

내가 형의 싯소에서 일본자원봉사학회의 설립 취지서에 대한 근원적 비판을 읽은 것은 바로 그 점이다. 장애가 있는 사람은 자원봉사의 혜택을 입을 존재가 아니다. 그리고 자원봉사는 단순히 자원봉사 하는 사람과 혜택을 입는 사람의 상호 관계뿐만이 아니다. 지금까지 자원봉사라는 어휘꾸러미로 사

268
봄과 아수라

람들이 말하고 생각하고 있던 것의 첨단의 일을, 장애가 있다고 명명된 사람이 행하고 있을지도 모른다고 상기해보는, 앞으로의 창조력을 묻는다.

싯소하는 형을 쫓아다니며 동생은 키보드를 두드리고 글을 쓴다. 어린 시절의 내가 뛰어가는 형을 따라잡을 리가 없다고 생각하면서, 그래도 뒤를 쫓다가 놓친 뒤에도 거리 곳곳을 우왕좌왕했던 것처럼. 형의 싯소가 그려내는, 끊김 없이 여러 가지가 얽힌 라인과 내가 키보드를 치면서 묘사하는 문장은 질적으로 다르다.[85]

그래도 나는 계속 말을 이어갔다. 문득 자각해보니 처음 글을 쓸 때는 예상하지 못했던 일들로 이야기가 퍼져나가 시공도 다양하게 오갔다. 그렇게 나는 형과 함께 지도 없는 여행을 했다. 지금 이 이야기를 맺으며 비로소 우리가 무엇을 하고 있었는지 이해한다.

형을 쫓아 달리기

초등학교 3학년인 나는 형을 데리러 갔지만, 이윽고 사라져버린 형을 뒤쫓으면서 이쪽저쪽 역으로 자전거를 타고 달렸다. 그 길은 형이 달려간 길과 거의 겹치지 않았다. 나는 통학로 옆에 있는 연못이나 시궁창, 신사의 경내를 막 달려서 거기에 형이 없는 것을 확인했다.

스쳐 지나간 사람들은 헉헉거리며 뛰어다니는 나에 대해서 아무도 신경을 쓰지 않는 것처럼 보였다. 형을 찾을 수는 없었다. 나는 형이 어떻게 이 도시를 살아왔는지, 이 세계를 살고 있는지를 생각하고, 그것을 확인하기 위해 나 자신 이 도시와 이 세계를 살았다. 애초에 형을 데리러 가는 길에 내가 형의 동급생 여자아이들에게 형을 닮았다는 말을 듣고 부끄러워해 조금 거리를 두고 돌아간 것이 그때 그가 떠나는 계기였다.

그렇다면 형의 싯소는 형이 부끄럼쟁이 동생인 나와 함께 살아가면서 생겨난 것이기도 하다. 이 이야기를 엮어가는 일도 마찬가지다. 초등학교 3학년 때, 자전거로 형을 뒤쫓았던 나는, PC 앞에 앉아, 일찍이 내가 쓴 것이나, 우리에 관해 누군가가 쓴 것을 읽고, 사진이나 동영상을 다시 보면서 형을 뒤쫓았다.

장애인 형이 비장애인처럼 사고하고 있음을 확인하는 것은 아니다. 그렇다고 비장애인과 달리 자폐인으로서의 특수한 사고방식을 이해하는 것도 아니다. 형의 경험이나, 형의 사고방식을 쫓아가면서, 나 자신의 사고방식이 무엇인지 다시 묻는다. 형에 대해 사고하는 것이 아니라, 형과 함께 사고하면서 (그건 형이 나와 함께 사고하는 것이기도 하다), 형에 대한 이미지뿐만이 아니라, 나에 대한 이미지, 그리고 인간이라는 것의 이미지, 산다는 것의 이미지를 흔들어, 더 불확실한 것에 감성의 운동을 열면서, 뒤에서 머뭇머뭇 따라오는 사고도 이끌어 간다.

나에게 인류학은 누군가가 걸어간 발자국을 따라가는 일이다. 발자국 끝에 있는 목적지를 찾는 일이 아니다. 발자국을 찍으면서 걷는 그 사람과 경험을 거듭하면서, 그 사람의 세계를 간신히 이해하는 것이며, 그 사람의 세계와 나의 세계의 겹침과 어긋남을 이해하는 것이며, 그 사람과 나 이외의 존재도 포함한 세계를 보다 부피가 큰 것으로서 이해하는 것이다.

티머시 잉골드는 발자국 추적이나 도보 여행과 지도가 제공된 항해의 차이를 다음과 같이 이야기한다. 발자국 추적이나 도보 여행과 미리 지도가 주어진 항해의 구별은 결정적으로 중요하다. 항해사는 지도라는 영해의 완전한 표시를 눈앞에 두고 있어 출발 전에 가야 할 코스를 설정할 수 있다. 따라서 여행은 그 줄거리를 더듬어가는 것에 지나지 않는다.

그것과는 대조적으로 도보 여행에서는 이전에 다녀본 길을 누군가와 함께 혹은 누군가의 발자취를 따라가고, 나아가면서 그 과정을 다시 짜보는 일이다. 이 경우 여행자는 목적지에 도착했을 때 비로소 자신의 경로를 파악했다고 할 수 있다.[86]

형의 세계를, 예를 들어 형이 자폐인이라는 것만을 단서로 삼아 자폐증에 관한 전문지식으로 이해를 진행해 나간다는 것은 미리 '지도가 주어진 항해'라고 할 수 있다. 그것은 자폐증에 대한 이해를 높이는 일이라서 그 자체로 의미가 있는 일일 수 있지만, 형의 세계를 이해하는 것은 아니다. 좀 더 말하면, 자폐인이 아니라고 여겨지는, 나 같은 사람들의 일을 이해하는 것과도 어긋난다. 내가 하고 싶은 것은 형을 부분적으로 이해함으로써 나를 부분적으로 이해하는 것이며, 형도 나도 아닌 존재를 전보다 더 이해하는 일이다.

이 세계 한가운데 아수라

〈봄과 아수라修羅〉라는 미야자와 겐지宮沢賢治의 시 구절을 떠올린다.

분노의 씁쓸함 혹은 미숙함
4월의 대기층 쏟아지는 햇빛 속을

침 뱉고 이 갈며 이리저리 오가는

나는 하나의 아수라로라

(풍경은 눈물에 아른거리고)

조각난 구름 떼 망망히 펼쳐진

　더 없이 영롱한 하늘의 바다에

　　수정처럼 투명한 바람이 불고

　　　ZYPRESSEN〔사이프러스 나무의 복수형—옮긴이〕 봄의 행렬

　　　　새까만 빛 알갱이 들이마시는

나무의 그 어두운 걸음걸음에는

　눈 덮인 산등성마저 반짝이는데

　　(아지랑이 물결과 새하얀 편광)

　　　진실한 말은 설 자리를 잃고

　　구름은 가리가리 하늘을 난다

　아아 빛나는 4월의 밑바닥을

이 갈고 성내며 이리저리 오가는

나는 하나의 아수라로다[87]

"나는 하나의 아수라로다"라는 말은 형의 안쪽에 있는 것 같기도, 내 안쪽에 있는 것이기도 하다. 봄과 아수라는 그야말

로 벚꽃이 만발하고 벚꽃이 진 가운데 제비처럼 질주한 형과 세상을 말한다. 그 시종일관 나도 확실히 존재하고 있다. 간신히 연결된 형의 세계와 나의 세계의 매듭을 확인하고, 그리고 매듭을 늘리면서 그물 세공을 펼쳐나간다.[88] 거기서 뻗어 나오는 실이 형과 나 이외의 존재로 퍼져, 얽히고, 그리고 그것이 희미하게 세계를 뒤흔든다.

2021년 봄에 형은 두 번 싯소했다. 그것은 코로나바이러스가 전 세계적으로 만연하는 가운데서의 일이었고, 연기된 도쿄 올림픽 성화 봉송이 달리기 시작한 무렵이었고, 홍콩에서는 선거제도가 변경되고 미얀마에서 군의 민중 탄압이 심해질 무렵이었다. 실제로 앞서 3월 23일 가나가와현 사가미하라 시 당국이 도쿄패럴림픽 성화 채화를 같은 시에 있는 쓰쿠이야마유리엔에서 실시할 방침이 보도되어, 3월 31일 사가미하라 시 당국은 2016년 7월 26일 일어난 살상 사건 논의가 확대되는 것을 막기 위해서 이 방침을 정식 결정했다.

그러나 유족이나 장애 당사자 단체로부터 중지를 요구하는 목소리가 잇따라 시장은 같은 해 5월에 야마유리엔에서의 채화 중지를 표명했다. 그런 일이 벌어지는 세상에서 형은 미리 정해지지 않은 길을 두 번 싯소했다. 그 일에 대해, 현재로서는, 곤란한 일이라고 하는 것 이상의 의미를 찾을 수 없다. 올림픽이나 패럴림픽 금메달리스트가, 금메달을 딴 것과 정합적인 경험에만 빛이 비춰지는 것처럼 쓰쿠이야마유리엔에서 살해당한 사람이 시설에서 살고 있던 것이나, 살해되었다는 것에만 의미의 초점이 맞춰지는 것처럼. 이 세계에서 일어나고 있는, 다른 문맥에 있는 것과 형의 싯소를 연결하면, 거기에 이 세계의 전체상 같은 것이 어렴풋이 떠오른다. 올림픽 성화 봉송과 형의 싯소.

사가미하라 시장의 머리에 있던, 쓰쿠이야마유리엔에서 시작되는 패럴림픽의 성화 봉송과 형의 모습. 코로나 팬데믹으로 쥐 죽은 듯 조용한 거리와 형의 싯소. 벚꽃이 만발한 가운데 형의 싯소. 그리고 형이 지금까지 살아온 세계나 함께 살았던 사람들과 형의 싯소를 연결한다.

예를 들면 졸업한 후 진로가 정해지지 않은 상태에서의 중학교 졸업식, 아이스크림을 먹고 싶어 하는 조카와 함께 간 동물원, 할아버지의 집에서 마시는 사이다의 목구멍을 자각하는 감각, 니시 씨와 함께 우쿨렐레 공방이나 농원에서 일한 경험, 귤산의 야마나시 씨와의 이야기, 몸이 점점 움직이지 않게 되는 아버지와의 해후…… 그렇게 여러 가지 일이나 사람과 엮임으로써, 형이 살아 있는 세계의 전체가 희미하게 떠오른다. 그 작업을 나는 형과 함께했다. 그렇게 연결된 것은 형과 내가 한가운데를 살아가고 있는 세계에 대한 스케치다.

2021년 4월, 형과 함께 지바현 경찰서에서 사이타마로 돌아오는 길에 고속도로를 달렸다. 시야는 흐릿했고, 그저 앞차의 후미등을 따라 달렸다. 나와 형은 말이 없었다. 카스테레오로부터 흐르는 곡은, 이윽고 블루하츠의 앨범 《이스트웨스트사이드 스토리 East West Side Story》가 되어, 나는 음량을 올렸다. 강 건너편에는 도쿄의 야경이 펼쳐지고 정면에는 후미등이 빛난다. 거기에 연동해서 핸들을 쥐고 액셀이나 브레이크를 밟는 나 자신의 운동과 차 안에서 흐르는 음악과 말없이 앉아 있는 형과. 나 자신의 의지할 데 없음, 세상에 내가 있다는 것을 이만큼 더 느낄 때는 없고. 명멸하는 세계 속에, 명멸하는 우리가 있고, 그래도 무엇인가를 세계에 맡기려고 하고 있다. 스테레오에서 흘러나오는 곡의 가사를, 나는 흥얼거린다. 형의 허밍 소리가 들린다.

봄과 아수라

토끼처럼 넓은 초원을

길을 모르게 되는 것 vs 거리를 헤매는 것

리베카 솔닛은 발터 베냐민을 인용하면서 '길을 모르게 되는 것'과 '거리를 헤매는 것'을 명확히 구분한다. 우리는 목적지를 향하면서 자주 길을 모르게 된다. 그때 필요한 것은 지도나 이정표, 아니면 길을 알려주는 앱이다. 한데 그런 식으로 지식이나 테크놀로지가 우리의 부족함을 채워주는 것과 거리를 헤매는 것은 다르다. 솔닛은 거리를 헤매는 데서 '관능 가득한 행복'을 찾는다. 망설이는 것, 즉 자기 자신을 잃는 것은 그 자리에 남김없이 완전히 몸을 두는 것이며, 완전히 몸을 두는 것은, 즉 불확실성이나 수수께끼에 머물러 있는 것이라고

한다.⁸⁹

형은 때로 혼란스러워 큰 소리를 낸다.

큰 소리를 낼 때, 형은 길을 모르게 되어 그럴지도 모른다. 예를 들어 익숙한 장소에서 예상치 못한 일이 발생했을 때나, 미지의 사람과 만나 뜻하지 않은 대응을 받았을 때, 형은 혼란스럽다. 공동주택에서 벌어지는 연회에서 형이 큰 소리를 낸 것도 바로 그런 장면이다. 편안한 마음으로 찾은 곳에서, 생각지도 못한 사람들이 생각지도 못한 일을 하고 있으면 어떻게 휴식을 취해야 할지 모르게 된다.

하지만 다양한 사람들과 잡다한 장면을 살아온 형은 예상치 못한 일에 대해 나름 익숙해 있다. 복지농원에서의 농사일을 하다가 잠시 한숨 돌리는 휴식시간, 형은 잔디광장에 난 목련 나무 아래 선다. 거기에서 내다볼 수 있는, 도로를 달리는 차들을 바라본다. 지방도로까지는 밭과 논이 펼쳐져 차도에 규칙적으로 심어진 메타세쿼이아 나무 사이를 차들은 대체로 같은 속도로 달린다. 그런 식으로 그는 자신의 감각과 여의치 않은 세계를 조율하고 있는지도 모른다. 그곳은 어딘가 초원 속에서 산토끼가 풀 위에서 빼꼼 얼굴을 내미는 모습을 떠올리게 한다.

작업 틈틈이 형과 같은 자리에 서서 같은 풍경을 바라보면 확실히 기분이 좋다. 여기에 가령 고속도로 고가가 건설되거나 큰 건물이 들어선다고 생각하면 아찔하다. 그런 식으로 나는 형의 경험과 자신의 경험을 겹쳐보려고 한다. 형은 내가 혼란스러운 상황에서도 침착하다. 형은 지도도, 앱도, 돈을 가질 일도 없고, 누군가에게 길을 물을 일도 없이 여행을 떠난다. 그렇게 할아버지 집이나 아버지 집을 찾아내기도 하고, 그 과정에서 누군가에 보호되기도 한다. 자신의 위치를 정확히 알고 있는 것은 아닐 것이다. 그런데도 형은, 나는 상상할 수 없는 것을 단서로 해 여행을 떠난다. 나는 그런 용기를 갖고 있지 않다. 예를 들어 처음 가는 곳을 여행할 때, 나는 끊임없이 지도를 확인하고 스마트폰 배터리 잔량이나 가진 돈이 얼마인지, 신용카드를 사용할 수 있는지 어떤지를 신경 쓴다. 하지만 그런 것에 의지하지 않고도 여행은 가능하다. 형의 싯소는 내가 본래 가지고 있어야 할 얼얼한 자유의 존재를 깨닫게 해준다. 내가 살아 있는 것은 본래 이 아찔한 자유 속에 있다.

싯소하는 형은 거리를 헤매고 있다. 세계를 헤매고 있다. 갖가지 일이 불합리하게 일어나고, 그의 존재를 마음대로 의미 지워버리는 세계에서, 그래도 그는 세계에 몸을 내민다. 신종 코로나바이러스 감염증이 확산하면서 길을 알 수 없게 된 사람들이 많았다. 혹은 자숙이나 온라인, '집콕' 시간 같은 형태로 디자인된 길에 많은 사람이 쇄도했다. 나도 그중 한 사람이다. 긴급사태 선언 아래, 그렇게 집 주위를 정처 없이 걷고, 본 적도 없는 것을 접하게 되는 경험을 하면서도 결과적으로 거리에서 세계를 헤매는 경험이 깊어지는 일은 없었다.

그렇게 막다른 길, 정체된 길에서 멈춰선 나에게 길 없는 길을 걷는 것, 거리와 세계를 헤매는 것을 가르쳐준 사람은 형이었다. 코로나바이러스로 인해 세상이 변하기 훨씬 전부터 그는 불확실성이나 수수께끼에 머물러 있었다.

세 번째 싯소, 세 사람의 여행

이 이야기의 끝부분을 쓰고 있는 2023년 1월 22일, 형이 또 그랬다. 형이 쉰 살이 되기 하루 전의 일이다. 전날 밤 형은 우리 집에 머물렀다. 내가 준비한 '가다랑어타다키'가 내 착각으로 하루 늦게 온다는 걸 파티가 시작되기 직전에야 알아차렸다. 하는 수 없이, 준비해놓은 스파클링와인으로 건배를 했다. 형은, 내가 급히 만든 요리를 먹고 디저트로 슈크림을 먹고, 조카들과 도우미 야마짱으로부터 선물을 받는 동안에도 내내

신이 났었다.

큰딸이 건넨 편지에는 토끼 그림과 초원에 뒹구는 형의 모습이 담겨 있었고, "올해는 토끼띠, 토끼처럼 넓은 초원을 뛰어 갑시다"라고 적혀 있었다. 형은 냉장고에 있던 도수가 높은 사워를 꺼내 마시기 시작했다. 나는 형이 좋아하는 블루하츠의 곡을 틀고, 내가 한 달 전에 만난 나나오 타비토 七尾旅人의 곡을 틀고, 밤이 깊어질 때까지 시간을 함께 보냈다.

막차 시간에 맞춰 야마짱이 돌아가자 이불을 깔았다. 형이 눈을 감고 있는 것을 확인하고 나도 내 침실에서 잠들었다. 다음 날은 4시에 눈을 떴다. 화장실에 가려는데 현관 등이 켜져 있는 것을 발견했다. 탈의실 등도, 형이 자고 있던 방의 불도 켜져 있었다. 이불 속에 형은 없었다. 현관에는 형의 신발도 없었고 자물쇠도 열려 있었다.

이불에는 온기도 없는 걸 보니, 형이 이불에서 나온 지 한참 시간이 흐른 것 같다. 그의 코트도 남아 있었다. 나중에야 알게 되었는데, 세탁기 안에는 왠지 형의 스웨터가 손빨래한 상태로 들어 있었다. 날이 밝자 어머니에게 전화했고, 어두워질 때까지 연락이 없으면 경찰에 연락할 것을 확인했다. 나는 2년 전 3월처럼 아버지가 사는 집에 갈 수 있다고 생각해서 아버지에게 전화했다. 아버지와의 전화는 연결되지 않았고 직접 아버지 집으로 향했다. 아버지는 형이 온 것을 자각하지 못했다고 말했다. 아버지의 집은 이전과는 달리 자물쇠를 잠글 수 있게 되어 있었다.

집에 돌아오자, 어머니로부터 부재중 전화가 걸려왔다는 것을 깨달았다. 다시 걸자, 어머니는 도호쿠 신칸센 노선에서 형이 발견되었다고 나에게 알려주었다. 어머니는 형 마중에 필요한 물품을 준비했고, 나는 그것을 가지러 갔다. 이날은 내가 사는 지역에서 시민 마라톤이 열려서 교통이 통제되었다. 어머니와 만날 장소를 어떻게든 확보하고, 조금 짜증을 내며 차로 그곳으로 향했다. 어머니에게 물품을 받고 집에 돌아와 보니, 세 살배기 막내가 아키타 신칸센 열차의 그림이 프린트된 트레이닝복을 입고 있었다.

아이에게 "지금부터 신칸센을 탈 건데 같이 갈래?" 하고 묻자 "간다!"라며 기쁜 듯이 대답했다. 3세 아이는 차비가 들지 않는다. 나는 아이와 함께 가기로 했다. 형을 보호하고 있는 경찰서에 전화해, 노선 검색이 알려준 도착 시각을 일러놓았다. 신칸센 타는 곳으로 가는 길에 식당에 들러 막내와 덮밥을 나눠 먹고 점심을 먹었다. 아이는 그것을 "맛있다, 맛있다" 하면서 먹었다.

신칸센 자유석은 마침 2인용 좌석이 비어 있었다. 기차를 타고 위쪽 지방으로 향하다 보니 곳곳에 눈이 쌓여 있었다. 아이는 그것을 기쁜 듯 바라보고 있었다. 역에 도착하자 개찰구를 나와 택시를 탔다. 경찰서에 가자고 말하니 운전기사는, 조금 긴장한 목소리로 응답했다. 확실히, 일요일, 신칸센을 타고 온 사람이 아이와 함께 경찰서로 향하는 것은 무언가를 느끼게 한다.

나는 운전기사에게 역에 붙어 있던 포스터에 소개된 온천 이야기를 했다. 나의 첫 책을 담당했던 편집자 카이 씨가 그 온천이 있는 지역 쌀농사를 계속 취재했다. 운전기사의 긴장이 풀리면서 차창의 경치를 보며 이런저런 수다를 떨었다. 그러다가 나는 카이 씨 기일이 정확히 1년 전 오늘이었음을 깨달았다.

경찰서에 도착하자 주차장에 세워져 있던 많은 경찰차를 보고 아이는 흥분했다. 경찰서 안으로 들어가자, 전화를 받았던 경찰관이 다가왔다. 안경을 쓴 그는 세 살배기의 모습을 발견하고 활짝 웃었다. 이윽고 나의 신원 등을 확인하고 나서 형을 데려왔다. 그리고 형이 보호받을 때까지의 상황을 설명해 주었다. 신칸센 역에 도착한 형은 원정 온 동아리 고교생과 그 학부모들을 따라 인근 고등학교까지 갔다. 학교에 들어갈 때도 원정의 무리에 섞여 위화감이 없었다. 체육관에 도착해, 매트에 누워 막 잠이 들었을 때, 겨우 거기에 있던 사람에게 의심을 받아, 경찰을 불렀다고 한다. 경찰서에 도착하자 형은 춥다고 호소했고 경찰관은 담요를 내주었다. 형은 잠옷 차림 그대로였다. 배가 고픈 것 같아서 경찰관은 컵라면과 컵 야키소바를 내놓고 차를 마시게 했다. 고등학교에서 이동할 때나 경찰서에서 보호하는 방으로 이동할 때도 형은 말을 잘 들었다고 경찰관은 말했다. 워낙 옷을 얇게 입는 바람에 동네 사람이라고 생각했지만, 마음에 짚이는 사람은 아무도 없었다. 형의 신발에 전화번호가 적혀 있는 것을 알았다. 어머니가 쓴 것이다. 전화는 어머니에게 연결되었고, 어머니는 나에게 전화를 했다. "이 도시에 무언가 인연이 있는 것일까요?"라는 말을 들었지만, 나에게도 짐작 가는 곳은 없었다.

우리 본가에서는 형을 찾으러 갔던 지역 남부에서 생산된 쌀을 계속 먹어왔지만, 이 지역에 온 적은 없다. 전날 있었던 생일 파티의 흥분으로부터 무심코 집을 나와 무작정 신칸센을 타긴 했는데, 점점 추워지는 지역으로 향하고 있음을 알고 초조한 나머지 신칸센에서 내린 것은 아닐까. 나는 그렇게 상상했다. 가져간 옷으로 갈아입기 위해 형이 있던 방으로 들어갔다. 취조실로 사용될 것 같은 살풍경한 방에 형과 나 그리고 막내아들이 들어갔고, 거기서 형은 옷을 갈아입었다. 의자에는 형이 사용한 담요가 놓여 있었다. 옷을 갈아입고 방을 나서자 세 명의 남자 경찰관과 한 명의 여자 경찰관을 보면서, 막내는 "경찰관, 멋있다"라며 중얼거렸다. 그의 말과 몸짓이 긴장되는 분위기를 누그러뜨렸다.

역으로 돌아와 선물을 사기 위해 들른 매점에서, 무언가 마시고 싶은 것이 있느냐고 묻자, 막내아들은 키위 주스를, 형은 도수가 높은 사워를 각각 망설이지 않고 집어들었다. 형이 술을 마시면, 나도 술을 마시고 싶어 그를 우리 집에서 차로 데려다줄 수 없게 될 것 같아 다른 것을 사라고 부탁했다. 그러자 형은 포카리스웨트를 골랐다. 돌아오는 신칸센도 3열 좌석이 비어 있어, 셋이서 나란히 앉았다. 창가에 앉은 형은 차창의 경치를 가끔 소리를 지르며 보고 있었다.

다시 발견된 세계

그 여행의 주역이 누구였는지, 그것이 누구인지를 특정하는 것에 그다지 의미는 없다. 형이 싯소했고, 나는 형을 막내아이와 함께 데리러 갔고, 그리고 셋이서 돌아왔다. 처음 가는 도시에 데려간 세 살배기에게, 나는 지도나 스마트폰을 의지하는 것과는 다른 의미로 의지하고 있었다. 그가 있었으므로 단지 형을 데리러 가는 여행은 신칸센을 타는 여행이 되고, 경찰서에서 경찰차를 보는가 하면 상냥한 주위 사람들과 만나는 여행이 되고, 어머니/할머니, 아내/처제/어머니, 딸들/조카들/누나들에게 선물을 사는 여행이 되었다.

우리 세 사람의 여행은 우리와 만난 사람들에게도 무언가를 가져다주었다. 어머니가 형의 짐을 챙겨주었고, 아내와 딸들이 막내 아이의 짐을 챙겨주었다. 형을 찾으러 간 곳에 붙어 있던 포스터에서 나는 그날이 은인인 카이 씨의 기일임을 떠올렸다. 옷을 얇게 입고 나타난 형의 모습에 놀란 경찰관은, 그를 데리러온 막내 아이와 나의 모습에 또 놀랐을 것이다. 집에 도착하니 내 계산보다 하루 늦게 가다랑어타다기가 도착했고, 그것을 형에게 생일 선물로 줄 수 있었다. 신칸센을 타기 전 술을 마시려는 형을 보면서 둘이 취재하러 간 홋카이도에서 돌아오는 비행기에서 카이 씨가 기쁜 듯 캔맥주를 마셨던 것을 떠올리며 그의 기일임을 의식했다.

형과 나, 막내 아이가 각자의 방식으로 여행을 했지만, 그것은 제각각의 여행을 한 것이 아니라, 각각 미묘하게 다른 풍경을 보면서도 느슨하게 서로 연결되어 있었다. 생각해낸 행동이, 입에 담지 못한 생각이, 길동무들과 함께 한 세계를 뒤흔들고 있었다. 그 느슨한 연결고리는 느슨하므로 어떤 장단으로 끊어질 수도 있을 만큼 섬세한 것이기도 하다. 형과 나는 각기 다른 세계를 사는 것이 아니다. 각자의 방식으로 감지한 세계를 함께 살고 있다. 이 여행 일주일 전부터 나는 잉골드의 책을 읽었고, 그가 네트워크가 아니라 메시워크meshwork(망사)라고 말하는 것에 대해 생각하고 있었다. 예를 들어 잉골드는 다음과 같이 썼다.

사실 '거주'라는 그물망, 그물망 세공의 촉수를 피할 수 있는 것은 없다. 어디까지나 퍼져나가려는 그 라인이, 앞으로 퍼져 진행될지도 모르는 모든 균열이나 갈라진 틈을 찾고 있다. 삶은 무언가에 수렴되지 않으려 하고, 자신과 관계하는 무수한 라인을 따라 세계를 관통하는 길을 실타래처럼 늘려간다. 만약 삶이 경계선 속에 밀어 넣을 수 없는 것이라면, 그것은 둘러싸이지도 않을 것이다. 그렇다면 환경이라는 개념은 어떻게 되는 것일까? 말 그대로의 의미에서는 환경이란 둘러싼 것이다. 하지만 거주자에게 환경이란 경계가 지워지는 상황으로부터 성립되는 것이 아니고, 자신이 사용하는 몇 개의 좁은 길이 확실히 뒤얽힌 영역으로 이루어져 있는 것이다. 이 얽힘의 영역—짜여진

라인의 그물 세공—에는 내부도 외부도 없다. 있는 것은 단지 틈새나 지나가는 길뿐이다. 결국 생명의 생태학은 교점과 연결기(네트워크의 이미지)가 아니라 실과 궤적의 생태학이어야 한다.[90]

네트워크란 점과 점을 직선으로 연결하는 것이다. 예를 들면, 여기와 저기, 이 사람과 저 사람과 그 사람, 이 일과 저 일들과 그것들을…… 점이 몇 개가 되든, 점과 점은 직선으로 연결되고, 그리고 각각의 선은 교차할 수는 있어도, 얽히지는 않는다.

한편, 메시워크의 선(라인/실/궤적)은 그에 따라 생활이 이루어지는 발자국이다.[91] 각각의 선은 이완되고 때때로 긴장하면서, 다른 사람의 선과 얽힌다. 마찬가지로 형의 선은 나의 선에 얽히고, 그리고 막내 아이의 선은 나와 형의 선에 얽힌다. 우리 셋이 엉킨 선은 메시워크가 되어, 그 메시워크가 우리와 얽힌 사람이나 물건을 흔들고, 그리고 우리와 얽힌 사람이나 물건에 흔들린다. 그렇게 더는 무엇이 원인인지 특정할 수 없는 형태로 세상은 흔들린다. 흔들리는 세상에, 죽은 사람이나 물건들의 발자국이 가끔 나타난다.

레비스트로스는 《야생의 사고》 종반부 〈다시 발견되었을 때〉라는 장에서, 오스트레일리아 원주민의 튀링가에 대해 언급한다. 튀링가는 표면에 상징기호가 새겨진 돌이나 나무로 만든 타원형 물체이다. 그것의 소유주는 사람이 잘 다니는 길에서 떨어진 바위 그늘에 그것을 숨기고 정기적으로 꺼내어 감촉을 확인한다. 그때마다 닦고, 기름이나 색을 칠하는 등, 손질도 게을리하지 않는다. 튀링가에게 기도하고 주문을 외운다. 레비스트로스는 튀링가의 역할을 우리 사회의 조상 전래 고문서나 위인들의 연고 사물과 같다고 한다.

그 효력을, 레비스트로스는 우리를 순수 역사성과 접촉시키는 것에 있다고 한다. 인류 역사 전체의 관점에서 볼 때, 그것은 하찮은 것일 수도 있고 완전히 결여되어 있다고 해도 좋다.

바흐의 세 소절을 듣는 것만으로 마음이 설레지 않고는 있을 수 없는 사람에게, 바흐의 서명을 실제로 보는 것이 둘도 없는 경험이 되는 것처럼, 튀링가나 고문서를 건드리는 것으로, 조상이 확실히 거기에 있었다고 하는 '사건'을 생생하게 느낄 수 있다.[92]

그것은 단지 조상이 만들고 조상이 썼다는 사실을 확인하는 것만은 아니다. 조상을 둘러싼 세계가 어떤 것이고, 거기서 어떤 것을 감지했는지를 자신이 세계를 살아가는 생생한 경험에 겹쳐보는 것이기도 하다. 오다 료마코토小田亮まこと는 고문서

나 튀링가가 보여주는 사건에 대해, "과거로부터 미래라고 하는 연속성 속에 있는 것이 아니라, 변증법적으로 부정된 과거로서 현재를 의미 부여하지도 않는다. '지표에 융기된 지층의 단면이 보여주듯이 과거와 현재의 층이 그사이의 긴 시간을 충전하지 않고 비연속으로 현재와 직접 접하고 있다"라고 썼다.[93]

튀링가처럼 형의 싯소라는, 사회 전체로 보면 하찮은 일들을 놓고 시간의 직선적인 흐름에 맞서며 길게 꾸불꾸불 이야기를 엮어왔다. 레비스트로스는 자연의 다양성과 인간이 닿았을 때 열려가는 사고에 주목했다.

나는 그 일에 매료되면서, 한층 더 인간 자신의 다양성이라는 것을 생각하고 싶어졌다. 그것은 형과 나의 차이이며, 형과 나와 막내 아이의 차이이며, 형과 나와 막내 아이와 어머니의 차이다. 그것을 장애가 있는 사람과 없는 사람, 어른과 아이, 남자와 여자라는 말로 정리하는 유혹에 사로잡히면서도 힘겹게 버티고 싶다.

여기서 다시 이 책의 첫머리에 쓴 물음으로 돌아가보자. '하찮은 사건'의 땅이 되는 '사회 전체'나 '인류의 역사 전체' 같은 것은 정말로 존재하고 있는 것일까. 우리가 '세계 전체'라고 느끼고 있는 것은, 단지 그렇게 큰 말을 가진 존재—그것은 미디어일 수도, 정부일 수도, 학자일 수도, 세상일 수도 있다—에 의해 잘려나간 것일 뿐이다. 그렇게 잘려나간 세계 전체에서 일어나는 갖가지 사건들은 그 엄청난 일들 속에서 휩쓸려간다.

마음을 아프게 한 전쟁도 재해도 비참한 사건도, 언젠가 과거의 일이 되어, 잊히어간다. 그렇다면 음미해야 할 것은, 그러한 '세계 전체', '사회 전체', '역사 전체'라고 하는 인식 그 자체인 것은 아닐까. 나는 형과 함께 있는 세상을 형과 함께 그렸다. 한 사람의 삶에 육박했을 때, 한 사람의 삶만이 아니라, 거기에 얽힌 다양한 사람이나 사물의 얽힘을 알 수 있다. 그 전에, 떨어진 장소에서 일어나고 있는 일이나, 떨어진 장소에서도 사람들을 농락하고 있는 일, 전에 있었던 일—그중에는 직시하기 어려운 일도 포함되어 있다—도 연결되어 있다.

그렇게 짜여가는 그물 세공은, 사회 전체나 인류의 역사 전체와 같지 않다. 거기서 그린 모양이나 리듬은 잠깐만 형태를 유지한다. 그래도 그것은 그곳에 분명히 존재하고, 그것에 입회한 사람들을 떨게 한다.

내가 형과 함께 쓴 이 이야기가 튀링가처럼 당신이 살아온 생생한 경험과 한순간에 겹치기를 바란다. 그렇게 각자 고유하고, 대체 불가능한 경험이 반향해가는 것으로부터 태어나는 임시 세계를, 나는 믿고 싶다.

옮긴이의 말

세계적인 베스트셀러 작가 베르나르 베르베르Bernard Werber가 사숙私淑한 영국의 소설가이자 비평가 웰즈(H. G. Wells, 1866~1946). 그가 1911년 위기에 찬 현대 문명을 비판하며 발표한 《눈먼 자들의 나라The Country of the Blind》라는 소설이 있다.

이 소설은 안데스 산맥의 험준한 골짜기에 있는, 세상과는 오래전에 인연이 끊긴 '눈먼 자들의 나라'에 대한 이야기다. 부족함 없이 살아오던 이 나라에 어느 날 갑자기 까닭 모를 병이 돌면서 사람들은 하나둘 눈이 멀어간다. 병은 아주 천천히 번져서 사람들은 눈이 멀고 있다는 사실을 미처 깨닫지 못했다. 급기야 다음 세대들은 아예 보지 못하는 상태로 세상에 태어났고, 사람들은 이런 상황에 무감각했다. 나라를 뒤덮은 상황의 위험성을 자각하고 이를 막아야 한다고 주장한 몇 안 되는 이들 가운데 하나가 방법을 찾아 바깥세상으로 나가지만, 지진으로 인해 바깥 세계와의 통로가 차단되고 만다.

오랜 세월이 흐른 뒤, 눈먼 나라에 사는 사람들은 많은 것을 잊었고, 또 많은 것을 새로 배웠으며, 보지 못한다는 사실을 빼고는 다들 유능했다. 먼 옛날 병의 퇴치법을 찾아 바깥세상으로 떠났던 이의 15대에 해당하는 후손이 기성세대가 되었다. 어느 날, 영국인 일행을 안내하기 위해 에콰도르 산지를 답사하던 누네즈가 길을 잃는 바람에 눈먼 자들의 나라로 들어오게 된다.

누네즈는 이들이 앞을 보지 못한다는 사실을 알고는 '눈먼 자들의 나라에서는 눈이 하나 있는 사람도 왕이 될 수 있다'는 말을 떠올린다. 누네즈는 자신은 볼 수 있으니 이 나라의 왕이 될 수 있을 거로 생각하지만, 이 생각은 머지않아 여지없이 깨지고 만다.

누네즈는 먼저 '눈먼 자'가 '보이는 사람'인 자신들을 인도하겠다는 말에 깜짝 놀란다. 누네즈로서는 일상을 뒤엎는 순간이었다. 볼 수 있다는 사실 하나만으로 눈먼 나라 사람들로부터 존경과 숭배를 받을 거로 생각했는데, 기대와는 달리 그

293
옮긴이의 말

들이 자신을 무능력한 사람으로 취급한다는 사실에 충격을 받는다. 누네즈는 지금까지 자기가 살던 곳이 훨씬 훌륭한 곳이라는 것을 설명하려고 했지만, 그들은 누네즈를 무식하고 미개하다고 여길 뿐이다. 결국 누네즈는 눈먼 자들의 성화에 못 이겨 '본다는 것은 어리석다'는 사실을 인정하게 되며, 눈먼 나라에 동화되어 그곳 사람이 된다. 게다가 이 나라 정부의 중책을 맡고 있는 야곱의 막내딸 메디나사로테와 사랑에 빠져 청혼하기에 이른다. 야곱이 마을 장로들에게 이 사실을 알리고 의견을 물었을 때, 그들은 결혼을 허락하되 누네즈의 눈을 도려내서 그가 살았던 세계(볼 수 있는 세계)의 우월성을 주장하는 병을 완전히 고쳐야 한다고 주장한다. 의사에게 눈 수술을 받게 해서 누네즈를 완전히 이곳 사람이 되도록 하자는 것이었다. 이 사실을 알게 된 누네즈는 눈만은 잃고 싶지 않다는 생각에 필사적으로 도망을 친다. 그리고 발을 헛디뎌 그만 절벽에서 떨어져 생을 마감하고 만다. 눈먼 자들의 나라에 들어간 뒤로 한때는 그곳의 왕을 꿈꾸었지만 그를 기다린 것은 죽음뿐이었다.

누네즈는 눈먼 자들의 나라에서 왕이 될 수 있다는 처음의 기대와 달리 왜 이상한 사람, 무능력한 사람으로 취급받다가 결국 죽음에까지 내몰리게 되었을까?

아마 눈먼 자들의 나라에는 집, 건물, 도로 등 모든 환경이 시각을 이용하지 않아도 전혀 불편하지 않도록 만들어졌을 것이다. 그들은 시각을 잃었다는 자각이 아예 없고, 생활하는 데 불편함을 느끼지 못할 것이다. 그렇기에 그들에게 본다는 것이 무엇이며, 얼마나 편리한지 알려주는 일도 불가능했을 것이다. 유일한 외부인인 누네즈의 시각이 다른 감각보다 우월하다는 주장은 이 나라 사람들에게는 도무지 의미를 알 수 없는 기이한 외침에 불과했을 수 있다. 나아가 누네즈의 뇌에 어떤 이상이 있어서 알아들을 수 없는 이야기를 하고 다닌다고 판단하여 그의 눈을 없애야 한다는 결론에 도달하게 된 것이리라.

누네즈의 불행은 시각이 없는 것이 문제가 되지 않을뿐더러 시각이 없는 그들이 나름의 유능함(예를 들면 후각이나 청각 등)을 발휘할 수 있도록 갖추어진 환경에서 기인했을 것이다. 어찌 보면 시각 능력이 쓸모없는 상황에서 상대적으로 촉각과 후각은 그들보다 떨어지는 누네즈가 무능한 사람 취급받은 것은 당연하다.

누네즈는 이 나라에 오기 전후에 이른바 생리학적으로 보았을 때 정상적으로 기능하는 시각을 갖고 있었다. 그러나 생리학적 사실이 사회적으로도 인정받는다는 것을 보증해주지는 못했다. 반대로 눈먼 나라의 사람들이 우리가 지금 사는 세계에 발을 들여놓는다면 틀림없이 장애인으로 받아들여질 것이다. 우리는 보이지 않는 것을 '문제'로 여기도록 우리의 환경을 계속해서 디자인해왔기 때문이다.

다음과 같은 사고 실험을 하나 해보기로 하자. 예컨대 지금 있는 방에서 눈을 감고 현관문 바깥까지 나가보는 것이다. 이 간단한 목표를 달성하는 일이 얼마나 어려운지, 평소에는 순식간에 이루어지는 짧은 거리의 이동조차 결코 수월하지 않다는 사실을 금방 깨달을 수 있을 것이다. 실험하기 위해 일부러 눈을 감는 그 순간부터, 혹은 진짜 사고로 인해 시력을 잃는 그 순간부터, 적어도 이 사회는 나를 '무능력한 자' 혹은 '장애를 가진 이'로 취급한다.

누네즈가 발을 들여놓은 눈먼 자들의 나라에서는 보이지 않는 것이 전혀 문제가 되지 않도록 환경(건물, 집, 도로, 제도, 언어, 인간관계 등)이 디자인되어 있다. 여기서 재미있는 것 한 가지는 '눈먼 자들의 나라'라는 말은 어디까지나 우리가 자의적으로 붙인 이름일 뿐, 누네즈가 불시착한 그곳에서는 '눈먼 자'라는 말 자체가 존재하지 않는다는 사실이다. 그 나라에서는 눈이 보이지 않는 것을 장애로 여기지 않을 뿐만 아니라, '눈이 보이지 않는다'는 말과 그 말이 열어 보여주는 현실 자

296

체가 아예 존재하지 않는다.

이쯤 되면 '장애'가 더는 생물학적이거나 개인적인 현상이 아니라 개인을 둘러싼 환경과의 관계에서 가시화되고 우리 눈앞에 비로소 모습을 드러내는 사회·문화적 현상이라는 생각에 이르게 될 것이다.

여기까지가 내가 지금까지 '장애'를 이해하고 사람들에게 '장애'를 설명할 때 취해온 흔들리지 않는 전제이자 설명원리 였다. 그런데 그 전제와 설명원리가 이 책을 만남으로써 소리 를 내면서 무너지기 시작했다. 저자의 말을 빌리자면 나는 그 동안 〈장애의 문화인류학〉에 계속 주저앉아 있었다. 그리고 이 〈장애의 문화인류학〉이라는 관점을 '장애'라는 현상을 설 명하고 이해하는 데 있어 더는 인간의 지혜가 도달하기가 힘 든 최선의 경지라고 그야말로 마음대로 생각하고 있었다. 저 자가 말하는 〈장애와 함께하는 문화인류학〉이라는 시점이 있 다는 것에는 무관심하고 무지한 채로 말이다.

그런데 이 책의 저자인 이노세 선생은 '인간을 이해하는 것', 좀 더 정확하게 말하자면 '타자를 이해하는 것'에 관한 나 의 좀 더 뿌리 깊은 무지를 흔들고 일깨워주었다. 그것은 '장 애론'에 관한 나의 편협한 관점보다 더 무겁고 크게 다가왔다.

예컨대 본문 중에 다음과 같은 이야기가 나온다.

현관을 통해 들어오자마자 소파에 털썩 앉은 형은 잠시 후 뜻하지 않게 많은 사람이 모여 있는 상태에 혼란스러웠는지 큰 소리를 냈다.

연회 분위기는 잦아들었고 훈훈한 분위기에 긴장이 흘렀다. 처음 형을 만난 사람들은 그 모습을 의아하게 바라보았다.

나는 '자, 그러면 어떻게 이 상황에 대처할까' 하고 생각했다. 형에게 조용히 해달라고 전하면서 넌지시 형에게 장애가 있다는 것, 그리고 내가 그의 동생이라는 것을 밝힐까.

그때 이미 술을 많이 마시고 술에 취해 있던 그 집 주인이 말하기 시작했다.

"이 친구는 모르는 사람이 있어서 불안하면 큰 소리를 내더라. 그리고 자기 목소리를 듣고 마음을 가라앉힌다. 나도 어렸을 때 그런 적이 있으니까 잘 알아."

취기가 오른 그 말투에는 긴장감이 없었다. 하지만 그 말에 모두가 귀를 기울였다. 의아한 듯 형을 바라보던 사람들도 수긍하는 표정이 되어 있었다.

잠깐 사이를 두고 주인이 말을 이었다.

"뭐, 진짜 속마음은 어떨지 모르겠지만……."

그렇게 웃자 형도 "우후후" 하고 웃었다.

자신의 행동에 대한 집주인의 해석에 형이 동의했는지
는 알 수 없다. 해석에 동의하는 것 같기도 하고, "속마음
은 어떨지 모르겠지만……"이라는 말에 공감하는 것 같기
도 하다. 어쨌든 그때 주인(두 사람은 동갑이다)과의 관계
에 형이 호감을 갖고 있음을 느꼈다.

　　장애가 있는 사람이 있을 것으로 생각해본 적이 없는 장
소에 장애가 있는 사람이 있다. 거기서 일어난 일을 장애
를 이유로 설명하지 않는다. 자신들과 성질이 다른 이로서
설명하는 것이 아니라 자신과 공통되는 이로서 말한다.

　　물론 그게 맞는지는 알 수 없다(중략).

　　"거기서 일어난 어떤 일을 장애를 이유로 설명하지 않는다"
는 집주인의 열린 마음가짐과 그것을 적확하게 해석하는 저
자의 시점에도 물론 감복할 일이다. 그런데 그것보다 나는 두
사람의 타자에 대한 '이해'를 유보하고 망설이는 '말'에 더욱
끌렸다. 즉 "뭐, 사실은 어떨지 모르겠지만……", "물론 그게
맞는지는 알 수 없다"라는 타자의 생각을 함부로 이해하려고
하지 않고 머물 수 있는 '태도' 말이다.

　　나는 이 두 사람의 '타자'를 만나는 기법을 우리가 당연하게
미덕으로 여기고 있는 '이해'와는 다른 기법인 '서로 잘 모른

채로', '함께 있기 위한 기법'이라고 부르고자 한다. 실제로 저자는(그가 의식하든 하지 않든) 자폐증을 앓고 있는 형이라는 타자를 후자의 기법으로 계속 만나왔고 앞으로도 만날 것으로 생각한다.

'이해'란 이른바 '타자는 결국은 알 수 있는 존재'라는 전제를 계속 가지면서 타자와 함께하는 것을 모색하는 기법이다. 그것을 통해 물론 많은 것이 가능하지만, 도무지 메울 수 없는 '알 수 없음'이 남을 때는 그것에 대처할 수 없어 급기야는 '함께 있을 수 없는' 사태로 치닫게 된다.

이것과는 달리 나와 타자 사이의 '어긋남'과 '빗나감' 그리고 '알 수 없음'과 올곧게 맞서는 기법도 충분히 있을 수 있다고 생각한다. 그런데 이해는 '그것'에는 별 관심이 없다. 그것을 '알려고'하고 '없애려고' 한다.

그러나 타자에게 '알 수 없는' 부분이 있다는 것을 당연한 전제로 받아들이고 그것을 견지하면서도 어떻게 하면 그/그녀와 '함께 있을 수 있을까'를 생각할 수도 있다. 이른바 '타자는 잘 모르는 존재다'는 전제를 출발점으로써 타자와 있는 것을 모색하는 기법이다. '타자는 알 수 있는 존재다'고 생각하면 '함께 있을 수 있는' 영역은 한정되지만, '모르는 것이' 당연하다고 생각한다면 우리는 많은 경우 타자와 '함께 있을 수 있을' 영역을 늘릴 수 있다.

다시 말하면, 여기서 내가(아마도 저자도) 생각하고 있는 기법은, 이 '서로 모르는' 시간을 보내는 방법이다. 따지고 보면 이해에서도 이런 시간이 있었을 터. '모르는' 타자, 그들을 앞에 두고 어떤 '유형'(장애인, 여성, 일본인, 성소수자 등)을 들이대고 해석하면서 닿지 못하는 거리를 메워나간다. 그런데 그것은 내 안에서 대부분은 거의 즉시 이루어진다. 그러한 시간이 너무 길면 우리는 불편해지기 마련이다. 그러나 그 시간을 내 안의 순간의 시간에서 나와 다른 사람 사이에 있는 더 긴 시간으로 연장해서, 혹은 심지어 그것이 타자와 있는 시간 대부분을 다 차지하고 끝나버려도 그/그녀와 보낼 수 있다고 한다면, 우리는 '서로 알지 못하는' 상태에서도 '함께 있을 수 있다'

'타자와 있는 것'이 내 안에서 그러한 시간을 거친 후에야 찾아오는 '서로 알게 된' 시간이라고 생각하면, 이 시간은 참고 견뎌야 할 고통의 시간이겠지만, '서로 알 수 없는 시간'='타자와 있는 것'이라고 고쳐 생각하면, 이것은 그렇게 고통이 아닐지도 모른다. 아니, 거기에는 언제나 나의 '이해'를 넘어선, 예상치도 못한 '타자'가 있다. '서로 모른다는 것'은 그런 '타자'를 '타자'인 채로 발견하는 회로를 열 기회를 제공해준다. 그것은 불편한 일임은 분명하지만, 많은 발견과 놀라

움이 있다.

그런데 '서로 잘 아는' 세계에는 안심이나 아늑함은 있지만, 그러한 것은 찾아볼 수 없다. 어쩌면 '서로 모르기' 때문에 '함께 있는' 시간이 기쁨으로 가득할 수 있음을 우리는 이미 잘 알고 있는지도 모른다.

우리는 "서로 잘 알아보자"고 하다 보니 때때로 너무 서두르게 된다. 그러나 알 수 없는 시간을 최대한 끌어서 그 찝찝함과 불편함 속에 조금이라도 더 오래 몸과 마음을 느긋하게 풀어 놓아 보는 것은 어떨까. 그러다 보면 '서로 알게 되는 일'이 자연스럽게 열리는 경우도, '서로 이야기하는 것'을 의식적으로 여는 경우도, 물론 '서로 아는 것 없이' 단지 함께 있으면서 끝나는 일도 있을 것이다. 그러나 아는 것을 너무 서두르다 알지 못하는 시간을 견디지 못하면 우리는 많은 가능성을 스스로 닫아버리게 된다. 우리는 '아는 것'에 바로 착지하고 싶어한다. 그러나 더 어렵고 중요한 것은 '서로를 알기 위한 기법'보다는 '알지 못하지만 함께 있을 수 있는 기법'이라고 생각한다.

이 태도를 갖지 못하면 타자를 '모를 때' 곧 '폭력'을 휘두르거나 혹은 곧 상대방을 알려고 정형화된 '유형'을 타자에게 들이대는, 안이한 '이해'에 착지하고 만다. "저 사람은 자폐증을 앓는 장애인이니까 저렇게 공공장소에서 고함을 지르구나 등등".

그러나 서로 잘 모르는 것이 디폴트이고 거기에 느긋하게 있을 수 있다면 우리는 서로에게 폭력을 휘두르거나 차별하는 일을 지금보다 훨씬 적게 할 수 있을 것이다.

사회학자 알버트 슈츠는 우리 사회가 '희망'과 '두려움'으로 가득 차 있음을 지적했다.

그가 그리는 사람들은, 거기서 '희망' 쪽으로 '이해'라는 기법으로 '알아가는' 세계를 구축하는 방향으로 걸어간다. 그것은 훌륭한 세계이며, 우리 '사회'는 그런 기법 덕분에 형성되고 유지되고 있다.

그러나 우리는 사회의 모든 곳을 타자가 있는 모든 곳을 그런 기법으로 채울 수는 없는 노릇이다. 그 사실을 확실히 알게 될 때, 우리는 조금 '이해'라는 기법으로부터 자유로워질 수 있을 것이다. 그리고 '이해' 이외의 기법인 '잘 모르는' '타자'인 채로 '타자'와 함께 있는 기법을 찾을 수 있다고 생각한다. 이해라는 기법을 어떨 때는 단념하고, 모르는 타자와 함께 사회를 만드는 것. 그것은 '희망'과 '두려움' 양쪽 모두에 열려 있는 세계에 그대로 계속 있을 수 있음을 의미한다. 물론 희망의 영역에 진입할 수 있다면 우리는 매우 행복할 것이다. 그러나 그렇게 할 수 없는 '타자'가 있는 장소도 있다. 그때 '희망'만을 찾는 기법은 자칫 이 세계가 '두려움'만 있는 곳은 아닐까 하는 절망으로 우리를 이끌게 하고, 그러다 보면 사회를 만드는 노력을 포기해버린다.

하지만 희망과 두려움이 함께 있는 세상에, 즉 불편하지만, 가능성이 열린 세상에서는 타자와 함께 계속 있을 수 있다. 그리고 어쩌면 우리는 이해의 기법을 여는 데는 그동안 열심이었지만, 이 또 다른 기법을 의식적으로 개발하는 데는 소홀했는지도 모른다. 그러면 지금부터 그것을 하도록 하자.

이 책을 번역하고 음미하고 이렇게 마지막으로 '옮긴이 후기'를 쓰다 보니 대학생 때 보았던 영화 한 편이 문득 생각났다. 그것은 빔 벤더스 감독의 《베를린 천사의 시》라는 작품이다.

이 영화는 인간의 마음을 '아는' 천사 다미엘이 주인공으로 나온다. 천상계에서 인간계로 내려온 그는 베를린에 사는 인간들이 마음속의 중얼거림을 전부 듣는 능력을 갖고 있다.

그러나(아니 그래서) 그는 인간을 사랑할 수가 없다. 이 영화는 왜 주인공은 인간을 사랑할 수 없을까를 담담하게 그려낸다. 물론 주인공은 천사라서 그의 모습은 사람들에게 보이지 않는다. 그런데 모든 것을 '다 아는' 그는 누군가를 사랑하는 일도 역으로 누군가로부터 사랑받는 일도 없다. 그는 어느 날 서커스의 여단원인 마리옹에 문득 끌린다. 그리고 이미 천사를 그만두고 인간이 된 배우(피터 폴크)와 상담을 해서 그와 똑같은 길을 걷겠다고 결의를 한다. 그는 천사를 그만두고 날개를 잃고 지상에 떨어진다(그리고 이윽고 '인간'이 된다). 그에게는 더는 사람의 마음속 중얼거림이 들리지 않게 된다. 하지만 그 대가로 그의 모습은 마리옹에게 보이게 된다. 그 순간 그가 있는 곳은 모노톤의 세계에서 깜짝 놀랄 만큼 아름다운 다양한 색을 띤 세계로 일변한다. 그와 그녀는 서로 사랑하게 된다. 사람의 마음을 '모르게 된' 바로 그때, 그들은 서로 사랑할 수 있게 된다.

나에게는 이 책의 저자와 저자의 형과의 관계와 이 영화의 주인공인 다미엘과 마리옹의 관계가 겹쳐 보인다. 삶과 픽션은 동시에 '서로를 알면 알수록' 좋은 커뮤니케이션이라는 이해는 너무 단순한 것은 아닐까 하는 사실을 우리에게 일깨워준다.

그러고 보면 모든 인간관계에서 '서로 잘 모르는' 장소를 어딘가에 확보해두는 것이 우리가 함께 계속 있을 수 있고 '나'일 수 있고 나아가 서로 사랑하기 위해서 아무래도 필요한 것이 아닐까. 혹은 만약 '서로 잘 아는 것'='커뮤니케이션'이라고 하면 오히려 커뮤니케이션을 애써 차단하는 것이 어딘가에서 필요한 것은 아닐까.

미주

1 잉골드, 2017:29

2 이 점은 레비스트로스의 《야생의 사고》에 나오는 튜링가에 관한 논의와 연결해, 〈맺는 말〉에서 다시 다루기로 하겠다.

3 잉골드는 민족지의 실천과 인류학의 실천을 구분한다. 민족지의 실천은 일이 어떻게 되는지 그 특이성을 기술하는 일이고, 인류학의 실천은 특정한 시대와 장소에서 사람의 삶이 어떠한 것이었는지, 심원한 이해에 기초한 방법으로 인생에 어떤 미래와 가능성이 있는지 사람들이 사색하는 장에 참가하는 것이다(잉골드, 2017: 21~22).

4 야나이, 2018: 236, 249.

5 레바논 출신 인류학자 가산 헤이지Ghassan Hage는 현대 인류학을 이끌어온 에두아르두 비베이루스 지 카스트루Eduardo Viveiros de Castro의 다자연주의 논의를 참조하면서 유토피아에 관한 새로운 전망을 제시한다. 현실을 하나밖에 없는 것으로 보는 시점에서 유토피아는 실현할지 말지 둘 중 하나일 수밖에 없다. 그러나 현실 속에 잠재한 자그마한 가능성조차 현실로서 포착하는 다현실주의 입장에서 유토피아란 사라져 버린, 이상화된 과거에 의해 제기된 공간 혹은 여태껏 존재하지 않은 미래라기보다는 이미 우리가 사는 주변화되고 억압된 공간의 환유다(Hage, 2022: 321~322).

6 코로나바이러스 감염이 확대되는 과정에서 외출 자제를 하지 않고 바깥에 나가는 사람들 행위의 의미를 찾는 것으로 이노세(2021)가 있다. 우리는 그들을 코로나 시대의 야만인/재귀적 야만인이라고 부르고 그 사상을 탐구했다.

7 총리 관저 홈페이지.

8 나카무라 2017:167

9 비엘, 2019:221

10 《분해자들》의 제7장 〈토지의 이름은 남았는가? 즈쿠이 야마유리엔 사건부터/에서〉는 전후 수도권 개발에서 사가미코초에 수원(발전원 포함), 관광시설, 그리고 지적장애인 수용시설이 만들어진 것의 의미를 다루고 있다(이노세, 2019).

11 이 부분의 기술은 이노세가 지금까지 쓴 문장을 기초로 해서 썼다(이노세, 2019; 이노세, 2020 ⅰ).

12 쿠보, 2018: 199-200

13 쿠보, 2018: 200

14 이 부분의 기술은 이노세가 지금까지 쓴 것에 그 후 생각한 것을 고려해서 가필했다(이노세, 2020 ⅰ).

15 이시이, 2007: 67-69

16 이시이, 2007:266-267

17 이시이, 2019: 21

18 형이 중학생이던 시절, 어머니가 발행해서 동급생과 형이 다니던 중학교의 교사 등에게 배부했던 뉴스레터로부터의 인용.

19 이 부분에 관한 상세한 이야기는 《분해자들》의 제5장과 6장을 읽어보길 바란다(이노세, 2019)

20 연회의 에피소드 및 '타코노키 클럽'에 관한 기술은 이노세(猪瀬, 2023)와 겹친다. 이 논문에서는 비판적 장애학에 관한 논의를 단서로 해서 한걸음 더 들어간 고찰을 했다.

21 타코노키클럽에 관해서는 미쓰이 미이사요·고다마 다케히로가 편집한 《지원의 바로 앞에서 타코노키클럽과 타마의 40년》을 읽기를 바란다(미쓰이三井·고다마児玉, 2020).

22 이하의 기술은 이와바시의 문장을 참조(이와바시, 2015). 즉 이와바시 문장의 마지막은 그가 오랫동안 관계를 맺은 사람과의 아주 심각

한 어긋남에 관한 이야기다. 그 어긋남에 어떻게 이와바시와 그의 동료들이 마주했는가는 꼭 본문을 확인하길 바란다.

23 이와바시, 2015:136

24 무라카미, 2000 : 168-169

25 시모무라, 2020 : 388

26 나가스기, 1998 : 66-67

27 이 부분의 기술은 이노세가 이전에 쓴 문장과 겹친다(이노세, 2010).

28 지시마 군은 《자원봉사란 뭐였지?》의 중요한 등장인물이기도 하다(이노세, 2020 ⅱ).

29 니시 씨의 죽음 후, 지시마 군이 독주하여 실현시켰던 이즈 여행에 관해서는 《자원봉사란 뭐였지?》를 참조(이노세, 2020 ⅱ), 이 절의 문장을 쓰면서 내가 '자원봉사'라는 말에 관해서 생각하고 있는 것과 '싯소'라는 말로 생각하고 있는 것이 겹친다는 것을 자각했다.

30 서발리즈, 2021

31 이 이후의 기술은 내가 쓴 〈코로나 시대의 야만인-분해의 인류학을 향해서〉, 《사회인류학연보》의 기술에 의한다(이노세, 2021). 야마나시 씨와 여름귤의 일뿐만 아니라 긴급사태 선언 중의 복지농원의 일과 나와 관계가 깊은 장애가 있는 사람의 삶으로부터 논의를 전개하고 있다. 학술잡지에 실린 논문이라서 이론적이기도 해서 조금 읽기 어려울 수 있겠으나 《분해자들》(이노세, 2019)에 대한 심도 있는 논의도 전개하고 있으니 관심을 가지신 분은 일독하시면 감사하겠다.

32 총리 관저 홈페이지에서

33 아사히 신문의 데이터 베이스에 의하면 '현을 넘나드는 이동'의 자숙을 요구한 것은 4월 16일에 긴급사태 선언이 전국에 확대되고 난 이후의 일이다.

34 주니치 고속도로주식회사 홈페이지 참조(https ://www.c-nexco.

co.jp /corporate/press room /news_release/4792.html).

35 요미우리 신문 2020년 5월 22일 중부 조간을 참조.

36 이 부분의 문장을 퇴고하면서 후지와라 타츠시藤原辰史의《연식론緣
食論-고식孤食과 공식共食 사이》를 재독했다(후지와라, 2020). 이하의
말이 인상에 남았다. "인연이란 인간과 인간의 깊고 무거운 연결고
리라는 뜻이 아니라 단순히 어떻게 하다가 보니 만난다는 뜻이다. 사
실은 아주 담백한 말이다. 만남이기 때문에, 내일은 더는 만날 수 없
을지도 모른다. 경우에 따라서는, 연식緣食이 인연이 되어 연인이 되
거나 가족이 될지도 모르지만, 어쨌든, 인간의 '언저리'이자 '가장자
리'인 것이, 어느 장소의 같은 시간에 정박하고 있는 것에 지나지 않
는다. 이는 '공존'이라고 표현하면 우러러볼 만하다. 차라리 병존 쪽
이 낫다." (후지와라, 2020:27) 연식이라는 말로 후지와라가 쓴 것은
야마나시 씨와 출장소장과의 관계와도 통한다. 어디선가 만난 사람
과 여름귤을 통해 연결된다. 하룻밤을 유쾌하게 보내고 떠난다. 거기
에는 딱 부러진, 지속적인 책임은 없고, 오직 하룻밤 한끼의 은혜만이
있다. 더 말하면, 야마나시 씨와 귤은 공존하고 있고, 그리고 그 귤-
인간이 각지에서 무언가와 공존하고 있는 인간들과 적어도 병존하고
있다.

37 모스, 2014: 196

38 모스, 2014: 67-68

39 모스, 2014: 386-389

40 '꺼림칙함'에 관해서는 마쓰무라 게이치로松村圭一郎의《꺼림칙함의
인류학》도 참조하시기 바란다(마쓰무라, 2017). 마쓰무라는 '꺼림칙
함'이 구축해가는 세계의 전망을 제시했는데, 나는 그 마쓰무라의 말
을 증여로 생각하면서 그 말을 바꾸고, 그 말에 또 다른 말을 덧붙이
면서 그리고 다음 사람에게 맡기려고 한다.

41 모스, 2014: 369

42 '굴레와 속박을 다시 짠다'라는 말은 사이타마현의 코시야가시·카스카베시越谷市·春日部市에서 활동하는 '짚신 회'의 야마시타 히로시山下浩志의 말이다(야마시타, 2010). 굴레와 속박을 끊고 자유로워지는 것은 아니다. 얽히고설킴을 그냥 포기하고 받아들이는 것이 아니다. 굴레와 속박을 재디자인한다. 어느새 또 그것이 얽히고설킨다. 그것을 끝없이 반복해간다. 그 일이 지역에 산다는 것일 것이다. 이 말과 후지와라 타츠시藤原辰史의 '분해'라는 말에 연결고리를 느낀 것이, 내가《분해자들》을 쓴 하나의 계기이다(이노세, 2019).

43 그녀의 활동에 관해서는 니토 유메노仁藤夢乃 편저(2022), 및 일반사단법인인 Colabo의 홈페이지(https://colabo-official.net/)를 읽어주길 바란다.

44 나는 농원에서 많이 생산된 파를 다카타씨에게 보냈다. 그러자 그녀는 60개 정도의 달걀을 보내주었다. 주말에 나는 그것을 농원에 가져가서 동료들과 나눴다. 과자 만들기를 취미로 하는 에이에이씨에게는 많은 달걀을 건넸더니, 그녀는 시폰 케이크를 만들어, 평일 농원에서 작업을 하는 나의 형과 그 동료들에게 나누어주었다. 그 모습은 사진이 되어 야마구치의 다카타씨에게 보내졌다. 다카타씨의 활동에 대해서는, 쿠스키린 마을의 홈페이지(https://kousakutai.net/ 를 읽었으면 한다.

45 이 대회의 광고 문건에 나는 아래와 같이 썼다.
"도심에서 전철에 흔들린 지 30분. 번화가도 아니고, 과소지도 아니고 도시도, 시골도 아니다.
대자연은 없지만, 녹색은 적당히 남아 있다. 그런 도쿄 교외의 베드타운, 키타우라北浦和. 하지만, 그 어디에나 있을 법한 마을의 한구석에 존재하는 작은 행위에 눈을 응시하고 귀를 기울이고 대면하면…….

장애가 있는 사람과 없는 사람의 만남 속에서 변해가는 마을의 정경

대학 주민과 지역 주민의 만남으로 짜여가는 시민지市民知

고민하며 움직이기 시작한 젊은이들의 꿈틀거림

도시와 농촌, 인간과 자연을 끈질기게 엮으려는 일상의 행위……

입장이나 경험이 다른 사람과의 어울리는 '경계'에서 태어난 '몸짓'이 있고, 사회 시스템의 문제를 극복하기 위해서 새겨진 운동의 '리듬'이 있는 것을 알게 됩니다."

46 사자춤에 대해서 쓰자면, 당초 골판지로 오리지널 사자머리를 만들어 인디스의 사자춤으로서 퍼포먼스를 했다. 그런 그에게 쓰레기 소각 시설에서 일하는 친구가 소각 직전이던 사자머리를 구출해 그에게 선물했다. 유서가 있을 법한 사자머리를 쓰레기로 버리는 것에 어떤 이야기가 있었는지 상상력을 불러일으키지만, 그는 그 사자머리를 사용해 사자춤을 이어가고 있다. 강도 높은 사용 때문에 턱이 갈라지거나 귀가 떨어졌는데 그것을 경첩이나 나사 등으로 보수한 결과 사자머리는 사이보그처럼 되었다. 전차의 선반에서 잊어버린 적도 몇 번 있지만, 반드시 그에게 돌아온다(사자머리를 가지고 가려고 하는 사람도 없겠지만). 덧붙여 '울새'사의 현재의 활동에 대해서는 '울새'사의 트윗X(@KOMADORISHINE 33)을 참조하길 바란다.

47 '거주를 개방하기'란 자택 일부를 가족 이외 사람에게 무리가 없는 범위에서 개방해서 교류·공생하는 장으로 만들면서 고정화된 '공'과 '사'를 흔드는 것으로서 아사다 와타루가 만들어낸 말이다(아사다, 2020).

48 야마짱은 싱어송라이터로서 활동하고 있다. 2015년 캠프 때 그가 만든 〈바람의 학교〉라는 곡을 지금 들어보면, 이 문장 내용과 싱크로하는 부분이 있다. 즉 이 시기, 국회의사당 앞에서는 계속 안보법제에 반대하는 데모가 열리고 있었다. 그런 와중에 캠프는 열렸고, 마지막 날

밤인 8월 15일, 야마짱과 동세대의 친구들로 결성된 밴드 '공벌레'가 이 노래를 불렀다. 이날의 모습은 대중식당의 시인 엔테츠씨가 블로그에 소개했다. 야마짱이 2020년 코로나가 시작될 무렵에 만든 〈빅 이슈〉라는 곡을 나는 이 이야기를 쓰면서 몇 번이나 들었다.

49 후지에다 씨는 《분해자들》 제1장에도 등장한다. 건축의 제일선에서 일한 기술과 본가와 가정 농원에서 키운 기술을 퇴직 후에 자원봉사로서 복지농원의 활동에 살리고 싶다. 그리고 장애가 있는 사람과 젊은이, 근처의 농가와 노숙 상태에 있는 사람과의 연결고리를 만들었다. 그런 후지에다 씨의 다양한 사람과의 연결고리를 '경험의 순환'이라는 말로 표현하는 과정에서 나는 '분해자'라는 말을 확실히 붙잡았다(이노세, 2019).

50 오제, 2022:60

51 오제, 2022:24

52 오제, 2022:65

53 이 구절은 이노세(2015)를 참조하면서 그것을 큰 폭으로 다시 쓴 것이다.

54 당시의 '목말마방'은 우에다(上田 외)를 참조. 그리고 당시 다방 흉내를 내고 있던 '목말마방'은 지금은 장소를 이동해서(그렇다고는 하나 5분 이내의 위치에 있다) 게스트 하우스를 운영하고 있다.

55 행정기간이 일제히 휴일에 들어가는 상황에서 노상에서 사는 사람들의 목숨을 지키기 위해 많은 지원자와 자원봉사자가 모여서 밥을 짓거나 야간 순찰을 한다(하라구치原口·이나다稲田·시라하세白波瀬·히라기와平川, 2011: 238).

56 이 부분의 기술은 도린 매시Doreen Massey의 공간을 둘러싼 논의가 발상의 단서가 되었다(Massey, 2014: 59).

57 NPO 법인 creative support lets에 관해서는 렛츠의 홈페이지

(http://cslets.net/) 및 인정 NPO 법인 creative support lets와 小松 (2020)을 각각 참조해주시기 바란다.

58 오제, 2022 : 63

59 〈정열의 장미〉를 둘러싼 추억에 관해서는 《분해자들》의 제5장 〈삼색 밥과 정열의 장미〉에 썼다(이노세, 2019).

60 레비스트로스, 1976: 6

61 레비스트로스, 1976: 12-13

62 이러한 《야생의 사고》를 와타나베 코조渡辺公三는 다음과 같이 정리 했다.

- 그것은 인간과 자연을 분리하지 않고 늘 자연으로 돌려보내, 종의 다양성에 의해 동일종으로서의 인간 내부의 다양성을 표현한다.
- 종에 의한 분류의 논리는 종의 다양한 특징을 끄집어내서 늘 방사 상으로 이미지의 네트워크를 넓히는 동적인 성질을 갖는다.
- 따라서 《야생의 사고》에서 '동일성'이란 우리의 기성 개념과는 대 조적으로 개인의 개인으로서의 둘도 없음에 수렴되는 것이 아니라 개체의 덧없는 변화와 이질한 것과의 만남의 장으로서 개체의 가 능성을 의미한다(와타나베, 2003: 232).

이 와타나베-레비스트로스의 '개인으로서의 둘도 없음'과 비교해서 내가 〈들어가며〉에 쓴 '둘도 없음'은 '이질적인 것과의 만남의 장으로 서의 개체'의 둘도 없음을 염두에 두었다. 그래서 '둘도 없음'과 '빠져 나가기'와 '애절함'은 겹친다.

63 들뢰즈, 2007 : 72

64 이 부분의 기술은 이노세(2022; 2023)와 겹친다.

65 이 내용의 상세한 부분에 관해서는 《분해자들》 제2부를 읽어주길 바 란다(이노세, 2019).

66 타치이와 신야立岩真也는 다음과 같이 정리한다. '전장련'은 장애자의

시설에 의지하지 않는 생활보호운동과 '푸른잔디 회'의 운동 등, 전국 각지에 있었던 교통·교육·노동 등을 둘러싼 투쟁이 개별의 투쟁으로서 가진 한계를 넘어서서 운동을 연대시켜서 강력한 것으로 하려는 의도하에 결성되었다(安積·岡原·尾中·立岩, 2012: 280-281). 대표는《어머니여 죽이지 마라!》의 저자이자 '푸른 잔디 회' 운동의 중심이었던 요코즈카 고이치横塚晃一였다(横塚 2007). 염소 씨와 고노 씨와의 교류는 고노(2007)에 잘 나와 있다.

67 염소 씨는 장애를 이유로 '취학면제'를 받았다. 18세 무렵 본인은 학교에 가고 싶다고 말했지만, 살고 있던 지역의 의사와 교장으로부터 "아직 이르다"는 말을 들어 학교에 가는 일은 성사되지 않았다. 교육위원회와 교장과의 교섭으로 1970년, 28세의 나이로 살고 있던 지역의 시바 초등학교 6학년에 들어간다. 처음에는 '청강생' 취급을 받아서 학적은 없었다. 이듬해 학적을 받지만 1학년부터 다니고 싶다는 희망은 실현되지 않고 6학년을 유지했다. 이듬해에 학교가 쪼개져서 3학년이 되었다. 염소 씨의 싸움은 전국적으로 주목을 받고, 그는 장애가 있는 아이의 취학운동의 리더 중 한 명이 되어서 1979년의 특수학교의무저지운동의 선두에 섰다.

68 투쟁에 괄호를 쳐서 '맞닿음'이라는 말을 넣은 것은 요코다 히로시横田弘의《장애자 죽임의 사상》의 "장애자와 비장애인의 관계 맺기, 그것은 끝이 없는 일상적인 투쟁을 통해 비로소 전진할 수 있는 것이 아닌가?"(요코다, 2015: 104)에서 배운 말이다.

69 문부과학성이 검토하고 있던 학교교육법시행령과 시행 규칙의 개정이 '특례'로써 장애가 있는 아이의 통상학습취학을 인정하면서도 그 '특례'조차 인정받지 못하는 아이를 특수학교로 보내는 것을 각 지자체에 의무화하는 것을 문제시하고 '장애아를 보통학급으로 전국연락회'와 함께 '사이타마장애자시민 네트워크' 등이 문부과학성과의 교

섭을 했다.

70 이 기사는 야기시타八木下·후지사이藤齋(2017)에서 공개되었다.

71 2020년에 구보 아키노리久保明教와 교환했던 왕복편지에서는 '최전선에서 일하는 사람에게 감사'라는 말에 대한 위화감에 관해서 '최전선'을 설정함으로써 자신을 안정한 장소에 두려고 하는 의식이 작동하고 있는 것은 아닌가 하고 썼다(이노세·구보, 2020: 159). 무라세 다카오村瀬孝生도《싱크로와 자유》에서 코로나바이러스에 의해 의료 붕괴가 이루어지고 있는 의료와 간병의 현장을 향해 발신된 감사의 메시지가 거기에 말려들고 싶지 않다는 발현은 아닌가 하고 지적하고 있다(무라세, 2022: 139).

72 다케다, 2021 : 364-365

73 코로나바이러스가 맹위를 떨칠 때 장애가 있는 가족을 가진 사람의 삶을 쓴 책으로 고다 마마미児玉真美가 편집한《코로나바이러스 시기에 장애가 있는 아이를 가진 부모들이 체험하고 있는 것》이 있다. 문장을 기호난 부모들은 '이런 때이니까 어쩔 수 없다'는 말로 단념해버리는 일이 장애가 있는 사람과 가족의 경우가 장애가 없는 사람보다도 압도적으로 많음을 지적하고 있다. 그것은 코로나 이전에 있었던 모순과 분단에 코로나가 박차를 가했던 일이기도 하다(고다, 2022). 나는 이 책의 권말에 '못 본 척 하고 버려진 체험을 미래에 꺼내놓기'라는 해설을 기고했다(이노세, 2022). 그리고 2023년에는 새로운 저자도 합류하여 증보판이 간행되었다.

74 엔테츠씨는 사회학자인 이가라시 야스마사五十嵐泰正씨가 자신이 지도하는 학생들을 복지농원에 데리고 왔을 때, 마침 동행했던 것이 인연이 되어 알게 되었다. 그 후, 몇 번이나 농원에 왔다. 나는 엔테츠씨와 농원 이외에 도쿄와 그 근교의 다양한 곳에 가서 거기서 때로는 술을 마시면서 이야기를 했다. 수업에도 게스트로 출연해준 적이 있다.

큰 아이가 태어나기 직전 근처의 선술집에서 열린 토크 이벤트에서 대담한 적이 있다. 그렇다고 하면 엔테츠시와 어느 선술집에서 '국밥'에 관해서 엔테츠씨의 동년배 사람들과 엔테츠씨 팬과 술을 마시면서 이야기를 나눈 적이 있다. 엔테츠씨는 2023년 6월에 돌아가셨다.

75 마쓰무라 게이이치로松村 圭一郎는 '관계가○○'이니까 그 관계에 맞는 행동을 취한다는 시점을 반전시켜서 실제로 이루어진 행위의 축적에 의해서 관계가 리얼한 것으로 느끼게 된다고 한다(마쓰무라, 2017: 75-76). 그래서 행위를 만들어내는 공간의 배치와 습관의 양상은 중요하다. 예를 들면 일상적인 연결고리가 없어져버린 사람에게 연하장을 보내거나 SNS의 투고에 '좋아요'를 누르는 것, 혹은 제삿날에 손을 모으는 행위에 의해서 우리는 아무것도 하지 않으면 잊히고 마는, 그 사람과의 관계를 겨우 유지한다.

76 이 부분의 기술은 이노세(2020 ⅲ)에 가필했다. '분할'이라는 말에 관해서는 기다미 노루가 부락을 둘러싼 개념으로써 사용한 '분할 partage'에 의한다. 우에노 슌야上野俊哉에 의한 기다미 노루가 한 논의에 대한 해설에 의하면, 예를 들면 '눈대중으로 똑같이 나눔'을 의미한다. 부락에서는 부락 공유림에서 수확한 수확물을 '눈대중으로 똑같이 나누는데' 그것은 언제나 부락 '전원이 아닐지도 모르고, 엄밀하게 양적으로 봐서 '평등'하다고 할 수도 없다.

77 이시이, 2019: 102-106

78 이시이, 2019: 106

79 이 부분은 이노세(2020 ⅰ)에 가필했다. 가필하면서 그때 나 자신이 쓴 것을 이윽고 납득하게 되었다.

80 오카, 2019 ; 쿳시, 1992

81 오카, 2019 : 217-218)

82 2016년 7월 26일 살상 사건이 일어나 여러 말이 쏟아졌을 때 생각한

것도 그 일이었다. 넘치는 말이 그들, 그녀들의 침묵에 지나치게 의미를 담아내고 있는 것, 그에 의해 그들, 그녀들에게 동일화되면서, 실은 말을 빼앗아 버리고 있는 것을 나는 느꼈다. 나는 침묵에 말을 채우는 것이 아니라 침묵의 주위를 말로 채울 수 없을까 하고 생각했고, 쓰쿠이야마유리엔 입지한 지역의 역사를 살펴보고 수도권 개발과의 관계를 살폈다(이노세, 2019:285-308)

83 이 부분을 쓰면서 레비스트로스가 신화 논리에서 다루는, 인간이 왜 죽어야 하는지를 둘러싼 남미 시파이어의 신화를 생각한다.

MK 시파이어 짧은 수명
조물주는 인간을 불사신으로 만들고 싶었다. 조물주는 인간들에게 말했다. 물가로 가서 두 개의 카누를 지나가게 하고, 세 번째를 멈추고, 거기에 타고 있는 정령에게 인사하고, 포옹하라고.
첫 번째 카누에는 썩은 고기를 가득 담은 바구니가 실려 있었다. 심한 악취가 났다. 인간들은 마중하러 달려들었지만, 악취 때문에 접근할 수 없었다. 인간들은 이 카누가 죽음을 운반하고 있다고 생각했다. 그런데 죽음은 두 번째 카누를 타고 있었고, 인간의 모습을 하고 있었다. 그래서 인간들은 죽음을 환영하며 포옹했다. 조물주가 제3의 카누를 타고 나타나자 인간이 죽음을 선택한 것을 깨달았다. 반대로 뱀과 나무와 돌은 불사의 정령을 기다리고 있었다. 만약 인간도 똑같이 했다면 오래된 가죽을 갈아 뱀처럼 젊어졌을 것이다. (레비스트로스 2006:224)

아버지는 형을 포옹하는 것에 너무 서둘렀다. 예전에 있던 가족은 잃어버렸다. 그러나 그 단편은 아직 남아 있다. 그리고 농원은 계속된다.

84 문화인류학자 잉골드는 이런 지점과 지점의 관계를 '허브 스포크 모

델'이라고 부른다.

"이 모델에서 허브는 어떤 장소를 나타내며 원으로 표시된다. 거기서 생활하는 사람들은 그 원 안의 점으로 표현된다. 그리고 장소(=원)와 장소(=원)를 연결하는 직선은 수송 네트워크의 연결기를 나타낸다(잉골드, 2014:157). 여기에서, 날것의 용기로서의 허브는 그것이 수용하고 있는 개인 및 네트워크상의 다른 허브에 접속하는 직선으로부터 확실히 구별된다(161)."

85 잉골드는 "타이핑을 치고 인쇄하는 행위는 손동작과 새겨지는 궤적 사이의 밀접한 관계가 단절돼 있다. 저자는 라인의 표현력이 아니라 말의 선택을 통해 감정을 전달한다"고 썼다(잉골드, 2014: 21).

86 잉골드, 2014: 39-40

87 미야자와宮沢(2017)로부터 인용.

88 잉골드는 매듭과 메시워크(그물세공)에 대해 다음과 같이 썼다.

"매듭은 그 안에 삶을 수용하는 것이 아니라 그에 따라 삶이 영위되는 라인 그 자체로 형성되어 있다. 이 라인들은 매듭의 형태로 묶여 있지만, 매듭에 의해 묶여 있는 것은 아니다. 그와는 반대로, 라인들은 매듭을 넘어 발자국을 늘리며 반드시 다른 매듭 안에서 다른 라인과 함께 하게 된다. 이러한 라인 전체를 나는 그물 세공이라고 부르고 싶다. 하나 하나의 장소는 그물망 세공의 매듭이며, 거기에서 뻗어나오는 실은 도보여행의 라인이다."(잉골드, 2014:161)

잉골드는 네트워크(허브 스포크 모델)와 메쉬워크를 명확히 구분한다. 예를 들면 SNS에서 팔로워나 '친구' '좋아요'를 늘리는 것은, 네트워크를 늘리는 것이다. 그것은 심플하게 수나 양으로 파악할 수 있다. 그런데 메쉬워크는 그렇게 자본이나 테크놀로지 시스템에 의해 명시적으로 파악되는 수량이 아니다. 언뜻 연결되지 않은 것처럼 보이는 사람과 사람, 사람과 사물의 희미한 연결이나 얽힘을 응시하면서 거기서 의미를 자아내기 위한 단서이다."

89 솔닛, 2019 : 12

90 잉골드, 2014 : 165~166

91 잉골드, 2014: 133

92 레비스트로스, 1976: 286-291

93 오다, 2000: 222

참고문헌

安積純子・岡原正幸・尾中文哉・立岩真也, 2012,《生の技法——家と施設を出て暮らす障害者の社会学　第3版》, 生活書院.

アサダワタル, 2014,《コミュニティ難民のススメ——表現と仕事のハザマにあること》, 木楽舎.

アサダワタル, 2020,《住み開き——もう一つのコミュニティづくり　増補版》, ちくま文庫.

石井美保, 2007,《精霊たちのフロンティア——ガ＿ナ南部の開拓移民社会における〈超常現象〉の民族誌》世界思想社.

石井美保, 2019,《めぐりながれるものの人類学》, 青土社.

猪瀬浩平, 2010,〈地縁共同体から, 知縁共同体へ——山梨みかんトラストファ＿ム農園主 山梨通夫の遍歴〉,《日本ボランティア学会2009年度学会誌》, 90-94.

猪瀬浩平, 2015,〈直線, 切断, 接合, 螺旋——ある知的障害をもつ人の旅をめぐる考察を通じた, 世界の〈変革〉にむけた試論〉,《PRIME》, 38:17-23.

猪瀬浩平, 2019,《分解者たち——見沼田んぼのほとりを生きる》, 生活書院.

猪瀬浩平, 2020 i〈すれ違う, こすれ合う゜かけがえのなさと切なさ——《分解者たち——見沼田んぼのほとりを生きる》を書いた先に〉,《福音と世界》, 75(2):30-35.

猪瀬浩平, 2020 ii,《ボランティアってなんだっけ？》, 岩波ブックレット.

猪瀬浩平, 2020iii,〈《病気はまだ, 継続中です》——分割／連帯を生み出すために〉, 農山漁村文化協 会編,『新型コロナ19氏の意見——われわれはどこにいて, どこへ向かうのか』, 農山漁村文化協会：98-104.

猪瀬浩平, 2021,〈コロナの時代の野蛮人——分解の人類学に向けて〉,《社会人類学年報》, 47:29-5.

猪瀬浩平, 2022,〈見捨てられた体験を未来に差し出す―本書に寄せて〉, 児
　玉真美 編著《コロナ禍で障害のある子をもつ親たちが体験しているこ
　と》, 生活書院：206-223.

猪瀬浩平, 2023,〈それなりに整った世界で叫ぶ―家と施設でない場所で
　暮らす, 重度の知的障害のある人の意思をめぐって〉,《文化人類学》,
　87(4):624-641.

猪瀬浩平・久保明教, 2020,〈忘却することの痕跡―コロナ時代を記述する人
　類学〉,《現代思想》, 48(10)： 152-171.

岩橋誠治, 2015,〈ズレてる支援 / おりあう支援〉；寺本晃久・岡部耕典・末
　永弘・岩橋誠治,《ズレてる支援！―知的障害 / 自閉の人たちの自立生
　活と重度訪問介護の対象拡大》, 生活書院：88-185.

ティム・インゴルド, 2014,《ラインズ―線の文化史》, 工藤晋訳, 左右社. 팀
　잉골드,《라인스》, 2024, 포도밭출판사.

ティム・インゴルド, 2017,《メイキング―人類学・考古学・芸術・建築》,
　金子遊・水野友美子・小林耕二訳, 左右社.

上田假奈代 他, 2016,《釜ヶ崎で表現の場をつくる喫茶店, ココルーム》, フィ
　ルムアート社.

上野俊哉, 2013,《思想の不良たち―1950年代 もう一つの精神史》, 岩波書店.

岡真理, 2019,《彼女の〈正しい〉名前とは何か―第三世界フェミニズムの思想
　(新装版)》, 青土社.

マルク・オジェ, 2022,《メトロの民族学者》, 藤岡俊博訳, 水声社. 마르셀 모
　스,《증여론》, 2025, 파이돈.

小田亮, 2000,《レヴィ＝ストロース入門》, ちくま新書.

河野秀忠, 2007,《障害者市民ものがたり―もうひとつの現代史》, 生活人新書.

清岡卓行 編著, 1991,《金子光晴詩集》, 岩波文庫.

J. M. クッツェー, 1992,《敵あるいはフォー》, 本橋哲也訳, 白水社. J. M. 쿳

시, 《꽃》, 2003, 책세상.

久保明教, 2018, 《機械カニバリズム—人間なきあとの人類学へ》, 講談社選書メチエ.

児玉真美 編著, 2022, 《コロナ禍で障害のある子をもつ親たちが体験していること》, 生活書院.

ラルフ・ジェームズ・サヴァリーズ, 2021, 《嗅ぐ文学, 動く言葉, 感じる読書—自閉症者と小説を読む》, 岩坂彰訳, みすず書房

下村湖人, 2020, 《次郎物語五》, 岩波文庫.

レベッカ・ソルニット, 2019, 《迷うことについて》, 東辻賢治郎訳, 左右社.
리베카 솔닛, 《길 잃기 안내서》, 2018, 반비.

武田麟太郎, 2021, 《蔓延する東京—都市底辺作品集》, 共和国.

ジル・ドゥルーズ, 2007, 《記号と事件—1972-1990年の対話》, 宮林寛訳, 河出文庫.

永杉喜輔, 1998, 《凡人の道—煙仲間のこころ》, 渓声社.

中村寛, 2017, 〈戦争のある風景—寓話的日誌による同時代のスケッチ〉, 《現代思想》, 45(20)：154-167.

仁藤夢乃 編著, 2022, 《当たり前の日常を手に入れるために—性搾取社会を生きる私たちの闘い》, 影書房.

認定NPO法人クリエイティブサポートレッツ・小松理虔, 2020, 《ただ, そこにいる人たち—小松理虔さん〈表現未満, 〉の旅》, 現代書館.

ガッサン・ハージ, 2022, 《オルター・ポリティクス—批判的人類学とラディカルな想像力》, 塩原良和・川端浩平監訳, 明石書店.

原口剛・稲田七海・白波瀬達也・平川隆啓, 2011, 《釜ヶ崎のススメ》, 洛北出版.

ジョアオ・ビール, 2019, 《ヴィータ—遺棄された者たちの生》, 桑島薫・水野友美子訳, みすず書房.

藤原辰史, 2020, 《縁食論—孤食と共食のあいだ》, ミシマ社.

ドリーン・マッシー, 2014,《空間のために》, 森正人・伊澤高志訳, 月曜社.

松村圭一郎, 2017,《うしろめたさの人類学》, ミシマ社.

三井さよ・児玉雄大 編著, 2020,《支援のてまえで―たこの木クラブと多摩の四6年》, 生活書院.

宮沢賢治, 2017,《宮沢賢治コレクション6　春と修羅―詩1》, 筑摩書房. 미야자와 겐지,《봄과 아수라》, 2022, 읻다.

村上春樹, 2000,《辺境・近境》, 新潮文庫. 무라카미 하루키,《하루키의 여행법》, 1999, 문학사상사.

村瀬孝生, 2022,《シンクロと自由》, 医学書院.

マルセル・モース, 2014,《贈与論　他二篇》, 森山工訳, 岩波文庫.

八木下浩一・齋藤雅哉, 2017,〈地域にもぐりこむ〉,《現代思想》, 45(8)：54-64.

箭内匡, 2018,《イメージの人類学》, せりか書房.

山下浩志, 2010,〈障害が照らし出す地域―わらじの会の三〇年〉, わらじの会編,《地域と障害―しがらみを編みなおす》, 現代書館：11-76

横田弘, 2015,《増補新装版　障害者殺しの思想》, 現代書館.

横塚晃一, 2007,《母よ！殺すな》, 生活書院.

クロード・レヴィ＝ストロース, 1976,《野生の思考》, 大橋保夫訳, みすず書房. 클로드 레비스트로스,《야생의 사고》, 1996, 한길사.

クロード・レヴィ＝ストロース, 2006,《生のものと火を通したもの(神話論理Ⅰ)》, 早水洋太郎訳, みすず書房. 클로드 레비스트로스,《신화학 1: 날것과 익힌 것》, 2005, 한길사.

渡辺公三, 2003,《レヴィ＝ストロース―構造》, 講談社.

わらじの 会編, 2010,《地域と障害―しがらみを編みなおす》, 現代書館.